소프트뱅크 거액적자의 결말과 메가뱅크 위기

구로카와 아쓰히코 지음
강철구 옮김

어문학사

옮긴이의 말

2016년 겨울, 한국 사회는 대통령을 비롯하여 권력과 자본을 가진 자들을 향해 끓어오르는 분노를 용광로처럼 뜨겁게 저항하면서 역사적 모멘텀을 만들어 세상을 바꾸고자 촛불을 들었다. 그러나 승리한 듯 보였던 광화문의 해방구는 소수의 권력 집중과 자본 독점을 해방시키진 못했다.

여전히 전 세계 1%의 부자들은 48%의 부를 점유하는 데 그치지 않고 헤지 펀드를 통해 기업의 흥망을 좌우하고 국가 간 전쟁을 일으킬 정도의 힘을 유지하고 있다. 일본 역시 예외는 아니다. 소프트뱅크는 일본뿐만 아니라 전 세계적으로 IT 기업의 선두주자를 달리고 있는 기업으로 유명하지만, 성공한 기업의 뒷모습에는 소프트뱅크비전펀드(SVF)를 통해 상식의 궤도를 벗어난 탐욕적인 자본의 논리가 진행되고 있다는 것을 사람들은 잘 모른다. SVF는 최근 미국 뉴욕증권거래소(NYSE)에 화려하게 데뷔한 전자상거래 기업 쿠팡에도 30억 달러(약 3조 4천억 원)를 전략적으로 투자하면서 쿠팡의 지분 38%를 가지고 있는 손정의 회장은 최대 수혜자로 190억 달러 가까이 수확물을 거두었다.

이러한 점을 배경으로 이 책에서 놓치지 말아야 할 두 가지 포인트를 찾아내는 것도 재미있을 것이다. 첫째, 소프트뱅크의 경영전략이나 철학, 효율성이나 이익의 극대화를 발견하는 것이 아닌, 손정의 회장의 과감한 투자와 전광석화 같이 빠른 의사결정 등 동물적 감각이 '일본스러운' 경영 스타일은 아니라는 점을 찾아내는 것이다. 둘째는 SVF의 투자전략에서 보이는 듯 보이지 않는 자본주의의 냉혹함과 그 결과물이 어떻게 분배되느냐이다.

내가 일본에서 유학하던 시절(1992~2004), 소프트뱅크가 안겨 주었던 달콤한 사탕들 - 예를 들어 도코모(docomo)에서 소프트뱅크로 통신사변경을 하면 소뱅 가입자끼리는 통화료 무료라든가 인터넷 요금 할인 등 - 덕분에 가벼운 마음으로 소프트뱅크의 다양한 상품과 프로그램을 이용했던 기억이 있다. 그러다 보니 보수적인 일본 사회에서 손회장은 보기 드문 영웅이 되었고, 운 좋게도 영웅을 신처럼 부각시키는 일본 문화 덕분에 소프트뱅크와 손회장에 대한 부정적인 뉴스가 스며들어갈 구석은 처음부터 차단되었다.

최근 한국에서는 고도성장을 통해 경제강국으로 부상했던 과거의 일본을 '배우자'보다는 실패한 일본을 '반면교사로 삼자'는 논조가 고조되고 있다. 가끔 일본 경제의 궤적을 쫓다 보면 답습하지 말아야 할 것들을 발견할 때가 있다. 이 책의 매력은 누구든 쉽고 재미있게, 그러면서도 소프트뱅크의 깊은 곳에 자리잡고 있는 냉정한 자본(SVF)의 움직임의 허와 실을 살펴볼 수 있으며, 이를 통해 우리에게 주는 교훈과 시사점이 부담없이 전달되고 있다는 점이다.

책을 읽으면 아시겠지만 이 책은 1%의 자본가에 대한 비판을 소프트뱅크와 메가뱅크 관계에서 찾아내고 있다. 소위 운 좋은 '감'으로 경영을 이끌어 가고 있는 소뱅과 설비투자를 위한 자금조달이 투기로 바뀌어 버린 메가뱅크와의 관계를 비판하다 보니 주류경제학을 공부한 분들의 입장에서는 학문적으로 비판하고 싶어 안달이 날지도 모를 일이다. 그래서 나 역시 이 책의 원서를 읽으면서 애매모호한 입장이 되어 버린 느낌이다. 분명 정치적으로는 보수적인 성향인데 나도 모르는 사이에 경제학적으로는 진보적인 지식을 추구했던 건 아니었을까 하는.

그런데 이러한 성향은 어느 날 갑자기 생긴 것은 아닌 듯하다. 옆에서 경영학의 효율성과 통계를 쉽게 설명해 주던 박현민 교수님, 진보의 경제학을 설파하시며 시각의 균형을 잡아 주셨던 고정식 교수님, 야수의 속성을 갖고 있는 자본주의는 막아내야 한다며 정치의 책무를 강조하셨던 이성덕 교수님과 함께 이야기를 하는 과정에서 자연스럽게 내 자신을 객관화할 수 있는 능력이 형성된 것 같다. 내가 그렇듯이 진보와 보수 사이에서 정체성이 애매한 분들에게 이 책을 권한다.

2021년 5월 17일

강철구

소프트뱅크
거액적자의 결말과
메가뱅크 위기

목차

제2장 일본의 대기업을 엄습하는 금융위기

제3장 세계 금융의 파수꾼: FRB와 일본은행

제4장 특별회계의 그림자

일러두기

모든 각주는 독자들의 이해를 높이기 위해 역자가 추가한 내용이다.

시작하며

본격적인 금융위기의 경고

신형 코로나 바이러스 감염이 확산되면서 작게는 음식점부터 시작해 테마파크, 백화점, 의류와 호텔업계에 이르기까지 많은 기업과 업종이 괴멸적이라고 할 만큼 타격을 입었습니다. 그중에는 자금조달에 난항을 겪어 회사갱생법[1]을 신청하거나 영업을 포기하는 회사들도 속출했습니다. 당연히 그런 기업에 다녔던 직장인들은 물론이고, 파견사원들과 아르바이트로 생활을 영위해 왔던 사람들까지 생활이 궁핍해지는 아픔을 피할 수가 없었습니다.

위기는 항상 가장 약한 위치에 있는 직업군부터 순서대로 피해를 입으며 이동해 나갑니다. 가족으로 구성된 영세

1 일본에서 경영 위기에 직면한 기업들을 다시 살리기 위한 목적으로 1952년에 제정한 법률이다. 우리나라가 2005년에 폐지한 '회사정리법'과 같은 법률로, 2006년 '채무자 회생 및 파산에 관한 법률'로 변경하였다.

상인, 역전 근방의 라면집과 아르바이트생들, 그리고 중소 기업의 파견사원 등이 그렇지요.

이러한 상황에서 일본 정부는 전 국민에게 일률적으로 긴급재난지원금을 10만 엔씩 지급했지만, 사실 이 정도는 턱없이 부족한 금액입니다. 특히 음식점이나 여행업계, 그리고 엔터테인먼트 산업은 코로나 위기가 물러난다 할지라도 예전 모습으로 회복하기까지는 상당 시간이 걸릴 것으로 예상되기 때문에, 그 기간 동안 궁핍한 생활에서 벗어나기 힘든 사람들은 계속해서 증가할지도 모릅니다.

그런가 하면 절대 무너지지 않을 것 같은 기업들도 있습니다. 예를 들어, 미국에서는 정부가 세계 최고 항공기 제조사인 보잉사(The Boeing Company)에 5조 엔 규모의 공적 지원을 검토했습니다. 일본에서도 JAL, ANA, 도요타, 혼다, 마쓰다, JR큐슈 등 손에 꼽을 만한 대기업들이 잇달아 은행의 융자지원 한도를 설정하겠다고 공표했습니다. 이 말의 의미는, 기업경영이 위기에 직면할 경우 바로 은행으로부터 수천억 엔 단위의 자산을 주입하겠다는 의미입니다.

2008년 리먼 쇼크 때를 떠올려 보면 짐작이 가실 겁니다. 거대금융회사인 리먼 브라더스가 도산했다는 빅뉴스 때문에 제대로 파악하지 못했던 것들이 있습니다. 사실은 리먼이 워낙 기사화되어서 그렇지, 대부분의 대기업들이 정부의 지원으로 연명해 왔다는 사실입니다. 그러니까 대마불사(大馬不死, Too big to fail)가 적용되었던 것이지요.

신문이나 텔레비전 등 거대 미디어는 유유상종(類類相從)인지라, 자기들의 이익에 부합하지 않을 경우 결코 언론에 노출시키지 않으려고 하거든요. 이것이 자본주의 사회의 현실이기도 합니다. 그러니까 대기업은 어떤 상황에서든 살아남을 수 있는 기회를 포착할 수 있지만, 앞서 언급했던 중소기업이나 중소기업에 근무하는 직장인, 영세상인들은 위기에 직면하면 가장 먼저 희생양이 되는 구조입니다.

세계적인 코로나 팬데믹에 따른 경제위기에서도 대부분 국가들이 비슷한 양상을 보이고 있습니다. 즉, 자국에 필요하다고 판단되는 대기업들은 구제를 해 주는 반면, 중소기업이나 영세상인의 경우는 위기를 극복하기에 터무니없이 부족한 지원과 대출을 '경영지원'이라는 이름으로 거창하게 떠드는 정도입니다. 이러한 중소기업의 자금조달난이 2021년을 시작으로 서서히 표면화될 것으로 보고 있습니다.

흔히들 '승자', '엘리트' 등으로 호칭되는 대기업의 샐러리맨들을 보면, 코로나 위기에도 왠지 모르게 어딘가 여유가 있어 보이지 않습니까? 그중에는 '우리 회사는 망하지 않는다'고 생각해서 그런지, 코로나 긴급사태 선언에 따른 2개월간의 외출자제령 때에도, 마치 골든 위크 때의 여름휴가 보내듯 여유있게 지낸 사람들도 보였습니다. 이들은 정부의 안전한 우산 밑에서 보호받고 있는 대기업과 그 기업에 다니고 있는 샐러리맨들입니다. 여러분, 이것이 바로

'격차'라는 겁니다.

하지만 필자는 지금 리먼 쇼크 때와는 사뭇 다른 사태가 어디선가 진행되고 있는 게 아닌가라는 생각이 듭니다. 필자는 이전 저서[2]와 유튜브 '올리브 나무 채널(オリーブの木チャンネル)'에서 '머지않아 리먼 쇼크의 수십 배나 되는 금융위기가 다가올 것입니다'라고 누누이 말해왔습니다. 제가 이렇게 단언했던 이유는, 완전히 팽창된 금융자본은 처음부터 파멸할 수밖에 없는 숙명을 갖고 태어났기 때문입니다.

예일대학의 로버트 실러(Robert Shiller) 교수는 2002년, 『Irrational Exuberance(비이성적 과열)』[3]이라는 책을 출간했는데요. 2013년 노벨 경제학상을 수상한 실러 교수는 그의 저서를 통해 훗날 일어나게 될 인터넷 버블(닷컴 버블)의 붕괴를 예언해서 화제가 된 적이 있었죠. 기업명에 '닷컴(@)'이라고 붙이기만 하면 무슨 엄청난 이익을 보장받기라도 한 듯, 근거없는 광적인 투기가 시장을 일그러뜨리고 주가를 과대하게 팽창시킨다는 것이 실러 교수의 설명입니다.

물론 인터넷 기업 중에는 장래성이 있는 기업도 있지만 모두가 그런 것은 아니잖습니까? 경영자도 마찬가지지요. 뛰어난 경영자가 있는가 하면, 그렇지 않은 경영자도 있는 것처럼 말입니다. 단지 인터넷 기업이라고 해서 모두가 투

2 『소프트뱅크 붕괴의 공포와 농림중앙금고·유초은행을 압박하는 금융위기(ソフトバンク崩壊の恐怖と農中·ゆうちょに迫る金融危機)』

3 한국에서는 2013년 엘에이치코리아에서 동일한 제목으로 출판하였다.

자가치가 있다고는 할 수 없다는 간단한 사실을 투자가가 눈치채는 순간 버블이 붕괴되는 겁니다.

지금 일어나고 있는 현상도 전 세계적인 투자 버블의 확대라고 볼 수 있습니다. 더구나 버블이 일어나고 있는 곳은 미국의 주식시장뿐만 아니라 대부분의 국가에서도 마찬가지입니다. 국제금융자본의 거대 자금이 주식시장을 시작으로 채권과 구조화 채권, 부동산 투자신탁(REIT), 그리고 증권선물에 이르기까지 그야말로 모든 금융시장에 흘러들어가 팽창에 팽창을 거듭하고 있습니다.

2020년 3월, 코로나 팬데믹으로 전 세계 금융시장이 급격히 수축되면서 한때 금융위기에 대한 두려움을 인식했던 때가 있었습니다. 하지만 다행히도 미국, EU, 일본 등 각국 정부가 거액의 재정을 투입하면서 주가는 한달 만에 거의 정상적으로 돌아왔지요.

그러나 그렇다고 위기가 물러났다고 생각하면 안 됩니다. 금융업계는 금융시스템을 재검토하고 규제를 강화해야 할 때 이를 방임했을 뿐만 아니라, 심지어는 더 정교하게 만들어진 금융공학을 구사해서 고위험군 금융상품을 전 세계에 마구 뿌렸거든요. 미국의 연방준비제도이사회(FRB)나 일본은행, 그리고 유럽중앙은행(ECB) 등은 마치 이를 지지라도 하듯 강력한 금융완화정책을 실시하면서 시장에는 믿을 수 없을 정도의 엄청난 자금이 넘쳐나게 되었죠.

저는 코로나 위기 직후부터 유튜브 "올리브 나무 채널"

에서 거듭 이렇게 말해왔습니다.

> "금융위기는 이제 막 시작되었을 뿐입니다. 왜냐하면 넓은 의미로 보면 리먼 쇼크가 아직 끝났다고 볼 수 없기 때문입니다. 그때, 금융 버블이 완전히 꺼지지 않은 채 오히려 더 많은 버블을 만들고는 이를 마치 아무 일도 아닌 것처럼 감추어 버린 겁니다. 그 모순이 지금 우리 눈앞에 나타나고 있습니다. 금융위기는 이제부터가 본격적인 시작입니다."

미국 연방준비제도이사회나 일본은행, 유럽중앙은행 등 각국의 금융당국은 이번에도 리먼 쇼크 때와 동일한 방법으로 대기업을 구제하기 위해 애쓰고 있지만, 문제는 그 다음에 다가올 금융위기는 그야말로 전례 없는 거대위기가 될 가능성이 높다는 점입니다. 왜 이렇게 말할 수 있냐 하면, 각국 정부가 자국의 지폐를 마구 찍어 내고 돈을 빌려줄 대로 빌려주면서 자금을 공급하다 보니, 통제가 안 될 정도의 돈이 금융시장에 유입되고 있기 때문입니다.

1980년대 후반 일본에서 발생했던 토지 버블의 주범은 부동산업자, 은행, 논뱅크였지만, 지금 일어나고 있는 전지구적 버블의 주범은 각국 정부와 중앙은행입니다. 그러니까 이제부터 부풀어 오를 풍선의 크기는 일본의 버블과는 비교하기 힘들 정도로 훨씬 크겠지요. 그렇게 부푼 풍선이 터진다면 그로 인한 충격은 풍선의 크기에 비례하여 매우 강렬하게 터질 것입니다.

저뿐만 아니라 금융업계에 종사하거나 어느 정도의 식견을 가진 분이라면 분명 감지하고 있을 겁니다. "이제 곧 금융위기가 찾아올 것이다"라구요.

저는 실제로 일본 재무성의 중핵의 자리에 계신 분으로부터 그런 이야기를 들은 적이 있습니다. 하지만 그 업계 내에 있는 사람들은 자신들의 입장이 있기 때문에 진실을 전할 수 없거나 아니면 진실을 외면할 수밖에 없다는 점을 이해합니다.

"금융시장은 욕망과 공포의 양극 사이를 요동친다"라는 격언이 있습니다. 공포가 떠나면 욕망이 다시 얼굴을 비춥니다. 욕망에 이끌려 충동적으로 달려 온 그 끝에는 공포가 도사리고 있지요.

2020년 3월 중순, 신형 코로나 바이러스 감염 확대의 영향이 우리가 상상했던 것보다 훨씬 크다는 것을 비로소 알게 되었을 때, 주식시장과 석유 선물거래 등 금융상품이 일제히 급락했던 적이 있습니다. 여기서 주목해야 할 것은 금값도 동반 하락했다는 점입니다. '유사시에 대비한 금'이라고도 하건만, 어찌 된 일인지 이때는 금값이 10% 정도 하락했습니다.

그렇다면, 주식도, 채권도, 심지어 금도 신뢰할 수 없게 된 투자가들은 어디로 향했을까요? 바로 현금입니다. 미국 연방준비제도이사회가 발표한 데이터에 따르면, 2020년 4월 둘째 주 달러 유통량은 2개월 전과 비교해 5.1%가 늘어난 1.8조 달러(192조 6천억 엔)였습니다. 외출자제령으로 현금 수요가 대폭 줄어들었으니 거액의 달러 지폐가 금고 어딘가에 깊숙이 처박혀 버리게 된 것이지요.

부유층이라고 불리는 사람들도 코로나 위기가 발생하고 나서는 그 어떤 금융상품(금조차도)도 신뢰하지 못해 순간적으로 거액의 현금을 은행에서 인출해 자택에 가져다 놓았습니다. 그렇게 많은 현금을 갖고 있다가 혹시 도둑이라도 맞으면 어쩌나 하는 생각이 들 수도 있겠지만, 부자들은 도둑보다는 금융 붕괴가 더 무섭다고 생각하기 때문에 그런 염려는 안 하셔도 될 것 같습니다.

오늘날 미국에서는 신용카드 결제가 일반적이어서 고액 지폐는 거의 사용하지 않고 있습니다. 농담이긴 하지만 어쩌면 100달러 지폐에 그려진 벤저민 프랭클린(Benjamin Franklin, 1706~1790)도 간만의 외출에 놀라지 않았을까 싶습니다.

어쨌든 미국을 시작으로 각국 정부가 거액의 재정을 동원하겠다고 발표했습니다. 일본의 중앙은행 역시 제로금리 이외에도 사채나 커머셜 페이퍼(CP, 단기자금조달목적의 무담보약속어음)를 대량으로 사들이겠다고 발표했고, 이를 통해 주가가 급격히 제자리로 돌아오긴 했습니다.

문제는, 이렇게 해서 금융시장의 붕괴를 일단 막기는 했으나, 그렇다고 해서 금융 붕괴의 공포가 떠난 것은 아니라는 점입니다. 앞서 언급했던 달러 지폐의 사례에서 알 수 있듯이 금융은 심리 게임이거든요. 케인스(John M. Keynes, 1883~1946)는 이것을 '미인 투표(Beauty Contest)'라고 표현하기도 했는데, 많은 사람들이 '위험하다'고 생각한 순간에 가격은 폭락해 버립니다.

코로나 위기를 기준으로 전과 후의 가장 큰 변화는 지금까지와는 전혀 다른 새로운 시대에 돌입했다고 실감한 것이지요. 그 공포 심리는 어떤 상황에 직면하면 표출되거든요. 지금은 경제의 방향키가 부러져 표류하고 있는 상황이라고 할 수 있겠지요.

금융의 본래 역할은 투자가에게 건전하고 유익한 투자 기회를 제공하는 것입니다. 또 자금을 공평하게 순환시켜서 기업의 성장을 촉진시키고 시장 확대를 도모하는 것까지도 금융의 역할입니다. 그러나 월가로 대표되는 금융자본가는 보다 리스크 높은 금융상품을 만들어 내기 위해 안간힘을 쓰곤 합니다. 예를 들자면 '유니콘', '인공지능' 등과 같은 감언이설(甘言利說)로, 있지도 않은 시장을 날조하기도 하면서 투자가를 속이는 기술을 연마해 왔습니다.

'우버(Uber)'와 '위워크(WeWork)' 등은 사실 AI와는 동떨어진 사업이라는 것을 아시나요? 위워크는 AI 기업이라는 옷을 걸친, 이도 저도 아닌 그저 부동산회사일 뿐입니다. 연간 2천804억 엔의 적자기업임에도 불구하고 골드만 삭스 등의 투자은행이 주식공개를 제안하면서, '600억 달러 수준으로 공개될 것이다'라고 터무니없게 평가하기도 했습니다. 아직까지 한 번도 흑자를 기록한 적이 없는 벤처 기업의 평가액이 엔으로 환산하여 6조 6천5백억 엔이라니. 놀랍지 않습니까? 분명히 과장된 평가이지요.

문제는 이들 벤처 기업의 주식을 중심으로 10조 엔 규모를 운용해온 '소프트뱅크비전펀드'(SVF)[4]가 코로나 위기의 직격탄을 맞았고, 그로 인해 소프트뱅크그룹은 2020년 1~3월기 성적에서 영업손익 1조 4천381억 엔이라는 거액의 적자를 떠안게 되었다는 점입니다. 불과 3개월 만에 큰 적자를 기록한 것이지요.

이렇게 금융자본가에게 농락당하고 있는 일본 기업은 비단 소프트뱅크뿐만이 아닙니다. 유초은행(ゆうちょ銀行)[5]과 농림중앙금고(農林中央金庫)[6], 그리고 지방은행 역시 경영의 모체가 흔들릴 정도로 원금 보증이 없는 금융상품과 외국 채권을 이제 와서 어쩌지도 못하고 붙잡고 있는 실정입니다.

4 2016년 10월, 소프트뱅크는 사우디아라비아 국부펀드와 함께 1천억 달러에 해당하는 세계 최대의 기술펀드를 조성했다.

5 유초은행은 지주회사인 일본우정주식회사의 자회사로 우정(郵政) 민영화법에 따라 2007년 일본우정공사로부터 우편 저금 사업을 넘겨받아 설립된 은행이다.

6 농림중앙금고는 5천6백여 개의 농업협동조합, 수산업협동조합, 임업협동조합들로 구성된 협동조합은행이다.

제로금리정책으로 호경기를 누린 미국에서도 코로나 위기로 미국 국채의 10년 이율이 마침내 0.48%를 기록했습니다. 0.5% 이하로 내려간 것은 미국 역사상 처음이기도 합니다. 이렇듯 각국 정부가 거액의 국채를 발행하면서 재정을 동원하고 있기 때문에 제로금리정책은 앞으로도 당분간 계속될 것으로 보입니다.

미국의 국채에 끌려가는 형태로 일본국채 역시 마찬가지로 10년 물 금리가 마이너스 0.2%로 인하되었습니다. '국채를 갖고 있으면 손해는 안 본다'라는 암묵적인 명언이 이제 사라지는 사태가 온 겁니다.

옛날에는 일본은행이 금리차를 이용해서 자금을 회전시키는 것만으로도 이익을 낼 수 있었지만, 제로금리제도가 정착하면서 이제는 은행을 포함한 금융업계는 본업의 융자만으로는 이익을 낼 수 없는 구조가 되었습니다. 그러다보니 금융자본가가 조성한, 원금이 보증되지 않는 고위험 금융상품을 대량으로 구입하기 시작한 것이지요. 대출채권담보부증권 'CLO(Collateralized Loan Obligation)'이라는 이름의 알파벳 세 글자 상품이 바로 여기에 해당됩니다.

여러분. 일본 최대 규모의 기관투자가로, 또 해외시장에서는 일본최대의 헤지 펀드로 유명한 그 농림중앙금고가 월가에서는 어찌 된 이유인지 야유를 받고 있다는 사실을 알고 계십니까? 농림중앙금고는 상품에 대한 분석도 제대로 하지 않은 채 유럽과 미국이 추천하는 대로 대량 채권을 사준다고 해서 ‘쓰레기통’으로 불리며 바보 취급을 받고 있습니다.

세계 최대의 CLO 투자가로 알려져 있는 농림중앙금고는 코로나 위기에 직면했던 2020년 3월 말 결산에서 하루아침에 4천억 엔 이상의 평가손실이 발생했다고 공표했습니다. 소프트뱅크의 1조 4천381억 엔에는 미치지 않아 다행이라고 스스로 위로할지 모르겠지만, 일반 기업에서 이 정도의 손실을 입는다는 것은 상상하기조차 어려운 금액입니다.

2020년 5월 27일 기자회견에서 농림중앙금고 오쿠 가즈토(奥和登) 이사장은 기자들의 질문에 대해 “CLO 정도의 이익을 얻을 수 있는 투자는 좀처럼 없습니다”라며, 이후에도 CLO 투자를 계속할 것임을 밝혔습니다. 그러면서 한마디 더 하기를, “미국의 투자처 기업의 절반 정도가 도산하는 사태가 일어나지 않는 한, 우리가 보유하고 있는 CLO의 가치는 파손되지 않을 것입니다”라고 주장했습니다.

핑계 댈 만한 것이 없어서 그런지는 몰라도, 제로금리제도하에서 자산을 불리기 위한 다른 길은 없다고 말하고 싶은 겁니다. 그러나 그 너머에는 끝이 보이지 않는 손실만이 기다리고 있다는 점을 애써 외면하는 오류를 범하고 있다는 것을 자신들만 모르는 것이지요.

농림중앙금고의 본래 업무는 1차 산업에서 땀 흘리며 일하는 농업, 임업, 어업 종사자들에게 필요한 융자를 제공하는 것입니다. 하지만 농림중앙금고는 그런 본업을 잊고 금융자본가들로부터 "신용등급 트리플 A의 안심할 수 있는 채권"이라는 말에 기뻐하며 CLO를 구입하고 있습니다.

이와 같은 구도는 농림중앙금고뿐만이 아니라 유초은행에서도 일어나고 있습니다. 유초은행 역시 원금 보증이 안 되는 고위험군 금융상품을 대량으로 보유하고 있습니다. 정크 본드가 불량 채권화하는 것도 시간 문제입니다. 유초은행의 자금원은 일본 국민들이 우체국에 저금한 돈이고, 농림중앙금고의 자금원은 땀 흘리며 일하는 농가를 시작으로 일본인들이 쌓아 온 예금에 기반한 것입니다. 이 말인즉슨 일본인들의 노후자금이나 농가들이 한 땀 한 땀 흘리면서 그간 모아온 돈이 어느새 연기처럼 서서히 사라지고 있다는 말이지요.

저는 이전 저서에서도 거듭 CLO의 위험성을 지적해 왔는데, 2020년 6월 들어서 일본은행 금융기구국과 금융청 감독국이 발표한 보고서에서도 같은 지적이 기록되어 있었습니다. 일본은행과 금융청이 조사한 바에 의하면, 일본 금융기관이 보유한 CLO 잔고는 2016년 말부터 2019년 9월 사이에 5조 엔에서 13조 8천억 엔으로, 약 2.7배나 증가했습니다. 이는 전 세계 CLO 잔고 82조 엔 중 약 17%를 일본금융기관이 보유하고 있다는 의미입니다. 그중에서도 8조 엔의 CLO를 보유했던 농림중앙금고는 그 위험성을 지적 받을 때마다 "당사가 보유하는 CLO는 모두 신용등급 AAA" 라고 주장해 왔지만, 일본은행과 금융청 보고서는 이에 대해 아래와 같이 반론하고 있습니다.

"CLO 투자는 같은 신용등급이더라도 운용을 담당하는 매니저가 뒷받침을 해 주는 자산 선정, 운용의 능숙함, 투자 자산의 적절성에 따라 종목 간의 격차가 존재한다. (중략) 따라서, 외부 신용평가에 과도하게 의존하지 않고 CLO의 개별성을 고려하여 리스크를 적절하게 파악하는 한편, 관리 태세를 정비하는 것이 중요하다."

이를 간단하게 말하자면, 트리플 A 등급이라고 해서 안심할 수는 없다는 것입니다. 사실 유초은행이나 농림중앙금고뿐만 아니라 일본의 생명보험회사들도 마찬가지입니다.

2000년 치요다생명(千代田生命), 다이햐쿠생명(第百生命), 교에이생명(協栄生命), 다이쇼생명(大正生命)이 파탄했고, 2001년에는 도쿄생명(東京生命)이, 그리고 2008년에는 야마토생명(大和生命)이 파탄하면서 외자계 보험회사에 흡수되었습니다. 그 배경에는 여러 가지 이유들이 있겠지만, 그중에서도 중요한 한 가지를 언급하자면, '저금리정책에 의한 역마진'이라고 할 수 있겠습니다. '100만 엔을 적립하면 만기 때 300만 엔이 돌아온다'라는 광고 문구를 보면 누구라도 은행으로 달려가지 않겠습니까? 지금이야 상상할 수도 없을 정도의 고금리 상품을 팔았으니, 나중에는 이를 감당할 수 없게 될 것이라는 건 명약관화(明若觀火)이지요.

여기서 제일 문제가 되는 사례가 야마토생명(大和生命)의 파탄입니다. 야마토생명(大和生命)은 저조한 보험료 수입을 커버하기 위해서 고위험군 금융상품에 손을 대는 바람에 거액의 손실을 떠안고 파탄 위기까지 몰린 케이스입니다. 문제는 이와 같은 일이 지금의 생명보험회사에서도 발생할 수 있다는 점입니다.

보험업계 상위 10개사가 보유하고 있는 외국 증권의 합계 금액은 약 57조 9천101억 엔이나 됩니다. 그중에는 물론 미국 채권처럼 안전한 운용도 있지만, 고위험군 금융상품도 포함되어 있습니다. 그러니 가령 엔고(円高)와 주식시장의 폭락으로 30%가 훼손되었다 치면 17조 3천억 엔이 사라져버리는 셈이지요.

정보 공개에 가장 앞서 있다고 알려진 다이이치생명(第一生命)의 경우도 살펴볼까요? 2019년 말 시점에서 사채, 주식, 외국 증권, 그 외 증권이 16조 3천450억 엔이었습니다. 만일 금융위기로 20%의 손실을 본다고 가정하면 3조 2천690억 엔이 됩니다. 그렇게 되면 순자산 합계가 2조 5천500억 엔이므로, 채무초과의 늪에 빠지는 셈이지요.

물론 금융위기가 일어나지 않는다면 위험한 금융상품에 대해서도 '금리가 높고', '이율 좋은 상품'이라고 할 수 있겠죠. 문제는, 일단 금융위기가 일어나면 상장시장과 연계

하여 폭락할 것이고 원금 보증도 당연히 안 됩니다. 그렇게 되었을 때 눈물을 머금게 되는 것은 생명보험회사의 금융상품을 구입한 여러분이 되겠지요.

이제 세계 경제는 앞으로 어떻게 펼쳐질까요?

저는 신형 코로나 바이러스의 감염 확대가 어느 정도 수습되면 전 세계에 풀린 막대한 돈 때문에 또 다른 금융 버블이 찾아올 가능성이 높다고 생각합니다. 1980년대 말 일본에서 발생했던 토지 버블이 그렇게 찾아왔거든요.

넘쳐나는 돈들이 전 세계를 헤집고 다니지만, 핵심이 되는 금융 제도는 변하지 않으니 돈은 금융업계를 돌고 돌 뿐, 실질적으로 서민들의 생활에는 거의 영향이 없습니다. 아니, 오히려 앞서 말한 바와 같이 중소, 영세기업들은 정부가 원조를 멈추는 순간 고난과 역경에 빠질 것입니다. 그렇게 되면 당연히 그런 기업에서 일하는 근로자들의 고용은 불안해지고 수입도 타격을 받을 것이며, 그러면 소비자들은 서서히 소비를 줄이겠지요. 즉, 코로나 바이러스의 감염 확대가 실물경제를 엄습하고, 또 실물경제의 침체가 금융시장을 엄습한다는 점에서 리먼 쇼크 때와는 반대의 흐름이라고 볼 수 있습니다.

전 세계에 흩어진 달러가 갈 곳을 잃고 하이퍼인플레이션을 일으키며 점화기 역할을 할 겁니다. 마치 벼랑을 향해 달려가고 있음에도 불구하고 더 많은 돈을 벌고 싶다는 욕망에 사로잡혀 엑셀을 밟고 또 밟아 결국에는 추락해 버리는 폭주 자동차처럼 말이죠.

진짜 금융위기는 이제부터입니다. 기축통화인 달러가 하이퍼인플레이션을 일으키면서 충돌할 때는 상상도 못할 정도의 거대한 공포가 다가올 것입니다. 이때 가장 큰 피해자는 경우에 따라서 중소기업과 개인사업주, 그리고 파견사원과 아르바이트 생활자일 것입니다. 그러나 리먼 쇼크의 수십 배에 이르는 위기가 일어나면 지금까지 안심하고 있던 대기업의 샐러리맨도 위험해질 수 있습니다. 정부가 대기업과 대기업 직원들을 구제할 여유 자금이 없으면, 아니 그런 정도의 전략조차 없다면 '설마'라고 여겨지던 명문 기업조차 도산할지 모르는 일입니다. 금융 버블은 그야말로 국가의 차원을 넘나드는 규모로까지 커지고 있는 것입니다.

지금까지는 아직 지옥의 입구에 불과합니다. 자, 그럼 이제부터 더 깊은 지옥의 불구덩이 그 밑바닥으로 가보겠습니다.

제1장

소프트뱅크 적자의 실상

원자폭탄급 대적자

저는 이전 저서에서 '소프트뱅크 붕괴의 공포'를 지적한 바가 있는데, 제 귀에는 그 공포의 발자국 소리가 점점 더 커지고 있는 것이 들립니다. 코로나 위기로 많은 기업들의 실적이 대폭 감소되거나 적자로 전락되었는데, 그중에서도 제일 큰 타격을 입은 기업이 바로 손정의 회장이 이끄는 소프트뱅크그룹입니다.

소프트뱅크의 2020년 3월기 연결재무제표상 영업손익을 살펴보면, 9천615억 엔에 이르는 천문학적인 적자를 기록한 것을 알 수 있습니다. 이 어마어마한 적자액은 지금까지 사업회사들이 계상한 적자액 중 3위에 해당하는 규모입니다. 참고로 1위는 후쿠시마 제1원자력발전소의 폭발사고 직후에 도쿄전력(東京電力)이 계상한 1조 2천473억 엔입니다.

사실 코로나 위기 이전에도 소프트뱅크그룹이 영업손익

으로 계상한 적자 폭은 1조 3천646억 엔이므로, 소프트뱅크는 그야말로 후쿠시마 원자력발전소 폭발사고급에 해당할 만큼의 데미지를 입었다고 할 수 있겠지요.

이에 대해 시장은 당연히 민감하게 반응했습니다. 소프트뱅크그룹의 주가는 2020년 3월 19일 기준 2천687엔으로, 이는 2020년 당초 최고 주가치에서 53%나 폭락한 값입니다. 그 후 다시 주가를 회복했다고는 하지만, 소프트뱅크의 주주들은 마치 제트코스터에 오른 것처럼 불안한 긴장 속에서 매일매일을 보냈을 것입니다.

저는 오래 전부터 소프트뱅크가 '소프트뱅크비전펀드'를 중심으로 거대투자회사로 변모하고 있고, 또 투자했던 대부분의 기업들이 국제금융자본사회의 먹이가 되어가고 있을 정도로 아슬아슬하고 위태로운 상태라고 거듭 지적해 왔는데, 불행히도 그 예측이 적중하고 말았습니다.

소프트뱅크의 2020년 3월기 결산에 의하면, 비전펀드에서 1조 8천692억 엔에 상당하는 투자손실이 계상된 것을 발견할 수 있는데요. 소프트뱅크는 일본 3대 통신・IT회사 중 하나로 매년 6천억~7천억 엔 상당의 수익을 내는 초우량 기업임에도 불구하고, 그 막대한 수익을 비전펀드가 홀라당 털어먹어서 소프트뱅크그룹은 그야말로 천문학적인 데미지를 입은 셈입니다.

하지만 이러한 소프트뱅크의 문제가 비단 비전펀드에만 국한되는 것이 아닙니다. 그래서 사태가 더욱 심각해 지고 있는 것이죠. 소프트뱅크에서는 투자활동이 중층적으로 이루어지고 있는데, 그중에서도 모회사 소프트뱅크그룹, 나아가 소프트뱅크그룹 산하의 통신회사인 소프트뱅크, 포털 사이트 야후, 그리고 비전펀드 등 그룹 기업이 각각 투자활동을 전개하고 있습니다. 이 때문에 소프트뱅크그룹 전체로 볼 때 금융비용 부담이 큰 유이자(有利子)부채가 14조 2천722억 엔 규모로 불어난 것입니다.

여기에 더불어 소프트뱅크의 총수인 손정의 회장은 개인투자가로서도 수천억 엔을 차입해서 "이거다!"라고 전망한 기업에 대해 과감하게 투자해 왔습니다. 경제지 포브스(Forbes)에 의하면, 손 회장의 개인 자산은 203억 달러(2조 1천935억 엔)가량 된다고 하니, 수천억 엔 정도의 투자를 껌값 정도로 생각할지 모르겠습니다만, 실은 앞서 말씀드린 대로 2020년 3월 주가 폭락 당시 손 회장의 차입은 중대한 국면을 맞이하고 있었습니다. 그것에 대해서는 후술하도록 하지요.

사라져 버린 수요

이로서 비전펀드가 적자를 낸 이유는 분명해졌습니다. 소프트뱅크가 투자한 88개사의 실적이 모두 너덜너덜해졌기 때문이었죠.

손정의 회장이 30억 달러(3200억 엔) 상당의 출자를 결정했다는 '위워크(WeWork)'는 상장을 눈앞에 둔 2019년 어느 가을, 위워크 창업자 아담 노이만(Adam Neumann) 대표의 난맥 경영과 이익 저축 등이 차례로 발각되면서 상장이 연장되었습니다. 이로 인해 470억 달러(약 5조 엔)의 평가를 받았던 위워크의 기업가치는 80억 달러(약 8600억 엔)까지 급락했습니다. 다사다난했던 2019년, 결국 위워크는 22억 달러의 손실을 계상했고, 지금은 각국의 소유자와 위워크가 렌탈한 오피스의 월세에 관해 재교섭을 진행하고 있습니다.

사실 소프트뱅크는 위워크를 '혁명적인 테크기업'으로 추진해 왔습니다. 테크기업이란 정보 기술의 테크놀로지에 뛰어난 기업을 의미하지만, 위워크는 이도 저도 아닌 단순한 부동산 임대업자일 뿐입니다. 위워크의 주요 사업은 뉴욕, 런던, 도쿄 등 전 세계의 비즈니스 센터에서 빌딩을 빌려 렌탈 오피스 형태로 고객에게 빌려주는 일을 합니다. 하지만 신형 코로나 바이러스 감염 확대로 도시가 봉쇄되고 출근자제령과 같은 환경에서 오피스에 대한 수요가 있을 리 없겠지요. 세계 일등 도시에 있는 위워크의 공유 오피스가 지금 텅텅 비어있지 않습니까?

이러니 누가 생각해도 거액의 적자를 면할 수는 없을 것이라고 보는 건 당연한 결과이지요. 대표적인 신용평가회사인 S&P Global Ratings은 위워크를 경영하는 위컴퍼니의 신용등급을 '싱글 마이너스 B'에서 '트리플 C 플러스'로 낮췄고, 이로서 위컴퍼니의 사채 가격은 폭락했습니다.

오요(OYO)의 리테쉬 아가왈 CEO

비전펀드의 투자를 받은 또 다른 기업으로는 인도의 호텔 체인 업체인 오요(OYO)도 있습니다. 인도와 중국을 시작으로 아시아 각국의 오요 브랜드 호텔을 확장하려고 하던 참에 코로나 위기가 발생했습니다.

문제는 이런 시국에 호텔에 묵는 사람은 없을 것이니 당연히 수요가 사라지겠지요. 부동산 업계의 아마존이라고도 불려 왔던 오요는, 리테쉬 아가왈(Ritesh Agarwal) 대표가 2019년 당시 19세의 나이로 설립한 회사입니다. 아가왈 대표는 기존의 중소 호텔과 프랜차이즈(FC) 계약을 체결해 AI를 이용해서 숙박료를 설정하고 경영을 지원하는 대가로 호텔 매출의 일부를 가져가는 사업을 고안했습니다.

이후 인도네시아나 중국, 영국, 일본 등 전 세계 80개 나라에서 사업을 확장해 왔습니다만, 신형 코로나 바이러스의 감염 확대로 관광 산업이 그야말로 초토화되자, 오요가 계약한 호텔과 여관도 파리만 날리게 되었습니다. 코로나 사태로 인해 경영 위기를 맞은 오요는 결국 5천여 명의 구조 조정을 진행했고, 그 외 수천 명의 직원은 일시휴직 처리하고 있습니다.

소프트뱅크가 투자한 기업 중에는 승차 공유 서비스를 제공하는 우버(Uber)도 있습니다. 소프트뱅크비전펀드는 우버에 77억 달러를 투입해 출자비율 16.3%를 차지하면서 필두 주주가 되었습니다. 우버는 뉴욕의 택시 업계를 파멸시킨 '스마트폰으로 호출하는 하얀 택시' 사업인데, 문제는 코로나 위기가 택시 수요까지 급감시켰다는 점입니다.

지금까지 알아본 3사는 모두 도심에 사람이 모인다는 전제를 두고 시작한 비즈니스인데 코로나 위기로 사람들이 모이지 않으니 사업이 제대로 진행될 리가 없게 된 겁니다. 물론 우버의 사업 중 하나인 우버이츠(Uber Eats)는 코로나로 인한 외출자제령으로 오히려 매출이 올랐다고는 하지만, 그렇다고 해도 우버이츠의 매상은 우버 전체의 20% 정도에 불과해 나머지 80%에 해당하는 우버의 본업인 택시 사업의 결손을 메우기에는 턱없이 부족합니다.

차라리 파산시키는 게 어떨까

저는 코로나 위기가 일어나기 전부터 이 3사에 의문을 품고 있었습니다. 위워크의 창업자 아담 노이만 대표가 자가용 제트기에서 마리화나 파티를 벌였다는 등 그의 올바

르지 못한 일상이 언론에 종종 보도가 되기도 했지요. 그런 아담 노이만 대표에게 품위에 대한 조언을 하기보다는 '더 미쳐라'라고 얘기한 손정의 회장에게도 문제가 있다고 봅니다.

손 회장은 2019년 11월 결산발표 때 1조 엔의 사업자금을 융자해서 위워크를 재건축할 것을 발표했습니다. 더 이상은 질질 끌지 않겠다는 의미일까요? 위워크는 이미 패배했는데도 말이죠. 승산은 없었습니다. 손 회장이 위워크에 아무리 많은 돈을 퍼붓는다 한들 그것은 밑 빠진 독에 물 붓기와 다름 없습니다.

솔직히 이 지경까지 오면 아예 위워크를 파산시키는 편이 싸게 먹힙니다. 물론 소프트뱅크가 지금까지 위워크에 투입한 2조 엔은 수포로 돌아가겠지만, 계속해서 위워크의 재건을 고집하면 지금보다도 더 많은 자금을 투입해야 하니, 이미 벌어진 상처를 아물게 하기는커녕 더 큰 상처로 남을 겁니다. 이 점에 대해서는 손 회장도 충분히 알고 있을 텐데, 여기까지 와서 그만둘 수는 없다고 생각한 것인지, 아니면 체면의 문제인지는 누구도 알 수 없겠죠.

과거 일본의 제국주의 시절 구 일본군 장군들이 남태평양 솔로몬제도의 과달카날섬(Guadalcanal) 방위전에서, 그리고 인도 북동부의 임팔(Imphal) 전투에서도 비슷한 상황이 연출되었던 사건을 기억하시나요? 연합군에 패색이 짙은 전쟁임에도 불구하고 일본은 체면 때문에 퇴각하지 못한 채 많은 장병들을 희생시켰던 아픈 역사가 기록으로 남아 있습니다. 지금 소프트뱅크와 위워크가 바로 그런 진흙탕 싸움에 빠져 있는 건 아닐까 싶습니다.

실은 소프트뱅크의 위워크 구제책은 벌써부터 암초에 부딪히는 기색이 역력합니다. 소프트뱅크는 위워크 재건책의 일환으로 기존 주주로부터 약 30억 달러(약 3200억 엔) 상당의 위워크 주식을 사들이겠다고 발표하고서는 그것을 파기해 버린 적이 있습니다. 그 때문에 두 명의 임원으로부터 소송까지 당했지만 손정의 회장은 어쩔 수 없다고 생각한 모양입니다. 어쩌면 손 회장은 멀지 않은 장래에 위워크에 관해서 큰 결단을 내릴지도 모르겠습니다.

오요도 위워크 못지 않습니다. 오요는 일본시장에 진출할 즈음에 상당수의 기존 호텔들에게 제휴를 제안하고 대량의 신규채용을 실시했는데, 그렇게 해서 채용된 사람들의 말에 의하면, 오요는 아무래도 일본의 호텔업이나 노동법제에 관해서 충분한 지식이 없었던 모양입니다.

한번은 오요가 기업 실적이 생각만큼 향상되지 않자 몇몇 사원들을 해고해 버리려고 했는데, 일본 법률상 기업이 사원을 그렇게 쉽게 해고하는 것이 인정되지 않는다는 것을 그때서야 알았다고 합니다. 오요는 코로나 위기가 닥치자 종업원들의 일시휴직 계획도 세웠는데, 이에 대해 오요 종업원들이 만든 조합은 다음과 같은 메시지를 전달했습니다.

"오요호텔 및 오요그룹 사원 여러분.
이번 회사 측이 제시한 일시 귀휴자에 대한 휴업 수당액은 노동기준법상 위법이 되는 최저 라인인 실질 임금의 60%(소정노동일수/역일수)의 60% 정도를 지급하는 수준입니다. 이 정도로는 도저히 생활을 유지할 수 없습니다. 대부분의 사원들로 하여금 희망퇴직을 선택하도록 유도한 시책임에 틀림없습니다. 물론 희망퇴직에 응하는 것도 여러분들의 선택 중 하나이긴 합니다.
프레카리아트 유니온(Precariat Union) OYO 그룹 지부는 희망퇴직 권유에 응하시는 분들에게는 반드시 특별퇴직금을 지불하는 것이 마땅한 도리라고 생각하며, 이를 회사 측에 제의해서 간접적으로 희망퇴사 신청자들을 지원할 예정입니다."

피자 굽는 로봇회사의 예상 착오

손정의 회장은 미국 경제지 포브스 전자판 인터뷰(2020년 4월 7일자)에 답하며, 비전펀드가 투자한 88사 중 15사는 파산할 것이라고 답한 바 있습니다. 신흥기업에 투자하는 벤처 캐피털이 원래 그런 것인지는 모르겠지만, 그렇다고 해도 앞뒤가 맞지 않는 이야기입니다. 손 회장은 정말로 자신이 투자하는 회사에 대해서 충분히 정밀조사를 거친 후에 투자를 판단하는 것인지 의문입니다. 너무도 동물적 감각(animal spirit)에 의존한 건 아닌지, 찰나의 번뜩임에 기대온 것은 아닌지 한번쯤은 고민할 필요가 있지 않았을까요?

2020년 3월 28일, 비전펀드가 출자한 영국의 위성통신 스타트업 원웹(OneWeb)이 경영 파탄에 이르렀습니다. 원웹은 인터넷 통신망 제공을 지향하는 기업으로 지금까지 소형 위성 74기를 발사했으나, 그로 인해 곧바로 자산 조달에 쪼들리게 되었습니다. 비전펀드는 원웹에 총 19억 달러(약 2000억 엔)를 투자해 왔는데 경영 파탄을 맞이했으니, 당연히 그 자금은 돌아오지 않겠지요.

비전펀드는 줌 피자(Zume Pizza)라는 기업에도 투자한 바 있습니다. 줌 피자는 1대당 2만~3만 달러 가격의 피자 굽는 로봇을 대량으로 배치해서, 고객이 주문을 하면 로봇이 그 자리에서 바로 피자를 구워 배달하는 회사입니다.

줌 피자의 창업자 알렉스 가든(Alex Garden) 대표는 창업 당시 캘리포니아주 우드사이드에 있는 손정의 회장의 대저택에 트럭을 몰고 와서는 그 자리에서 피자를 구워 내는 퍼포먼스를 선보였습니다. 손 회장은 이 피자 굽는 로봇을 보고 그 자리에서 3억 7천5백 달러(401억 엔)를 출자하겠다고 약속했다고 합니다.

참고로 손 회장의 캘리포니아 대저택은 지금까지 캘리포니아주에서 거래된 부동산 물건 중에서 제일 고가의 집

미국 고급부동산사이트에 게재되어 있는 손정의 회장의 대저택(캘리포니아)

으로 알려져 있으며, 2012년 손 회장이 구입한 가격은 무려 1억 1천750만 달러(126억 엔)였습니다.

어쨌든 줌 피자의 피자 주문은 알렉스 가든이 생각했던 것만큼 성과를 내지는 못했습니다. 결국 2020년 피자 사업을 철퇴하고 대신 택배업자가 사용하는 박스 제조사로 업종을 변경하고는 반 이상의 종업원을 해고했다고 합니다. 이제 손 회장이 출자했던 4백억 엔이 그의 수중에 돌아오는 일은 없을 겁니다. 눈 뜨고 볼 수 없는 실패담입니다. 이런 줌 피자가 손 회장이 말한 15사 중 하나이겠지요.

손 회장은 사우디아라비아의 무함마드 황태자를 어떻게 잘 구슬려 삶았는지, 사우디아라비아의 정부계 펀드로부터 450억 달러나 되는 자금을 비전펀드로 끌어왔습니다. 그중 일부는 연리 7%나 되는 이율 보증이 붙어 있습니다.

비전펀드가 약 1조 9천억 엔이나 되는 적자로 경영난에 직면하더라도 무함마드 황태자는 냉철하게 제 몫을 요구하겠지요.

소프트뱅크는 거액의 적자를 떠안은 상태에서 또다시 사우디아라비아의 정부계 펀드에서 끌어온 이 출자금에 대한 보증금까지도 지불해야 하는 상황입니다. 그리고 이 계약은 12년이라는 장기계약이기 때문에 소프트뱅크는 앞으로도 남은 기간 동안 계속해서 이율 보증을 지불해야 할 겁니다. 만일 소프트뱅크가 약속했던 연리를 지불하지 못한다면 무함마드 황태자는 고민할 필요 없이 출자금 450억 달러를 도로 가져갈 것이고, 또 약속 불이행에 따른 소송까지 제기할 가능성도 있습니다. 그렇게 되면 소프트뱅크는 그야말로 거대한 폭탄을 끌어안을 수밖에 없겠지요.

"나는 투자의 신이다"

여기까지 읽으신 독자분들께서는 이런 의문을 제기하고 싶을 겁니다. 통신회사인 소프트뱅크의 경영에만 전념해도 수천억 엔의 수익이 보장되는데, 손 회장은 왜 이 노름판을 뜨지 않는 걸까요?라고 말이죠.

손 회장은 '300년 지속 성장 회사를 만들고 싶다'는 포부를 밝힌 적이 있는데, 이때 당시 자신을 에도막부시대 말기의 풍운아 사카모토 료마(坂本龍馬, 1835~1867)나 전국시대의 영웅 오다 노부나가(織田信長, 1534~1582)에 비유했습니다.

이런 손 회장의 사고 스케일은 저같이 평범한 사람들은 상상도 못할 만큼 대단하다는 점을 부정할 수는 없습니다. 하지만 평범한 저 같은 사람도, 아니 여러분 누구라도 손 회장이 내린 경영 판단과 그 결과에 대해 한번쯤은 손익계산을 따져볼 수는 있을 것입니다.

소프트뱅크가 과거에 ADSL 회선의 모뎀을 무료 배포하면서 단숨에 통신 인프라를 휘어잡은 일이나, 영국 자본의 통신회사 보다폰(Vodafone)을 1조 7천5백억 엔이나 되는 거액을 투자해서 매수한 일 등은 워낙 유명하지요. 이러한 이야기를 들을 때마다 그저 묵묵히 일하는 평범한 경영자들은 도저히 낄 수조차 없는 큰 판이라는 것을 새삼 느끼곤 할 겁니다.

그런데 이런 평범하지 않은 도박판에서 최종 승자가 된 소프트뱅크는 결국 NTT를 능가하는 거대한 통신회사로 발전했습니다. 더욱이 손 회장은 투자가로서는 물론, 사업가로서도 탑으로 우뚝 올라섰구요. 손 회장은 여기에 머물지 않고, 애플의 스티브 잡스 사장(당시)과의 인맥을 살려 아이폰의 일본 국내 판매권을 재빨리 획득하고는 경쟁사인 도코모(docomo)와 au 두 개사와 격차를 벌이는 데도 대성공합니다.

여기까지 스토리를 알고 나면 손 회장은 그야말로 가히 천재급이라고 할 수 있겠지요. 이건 누구나 따라할 수 있는 정도의 규모가 아닐 뿐만 아니라 일반인은 흉내조차 내기 힘든 압도적인 성과이니까요.

그러나 2012년 10월, 소프트뱅크가 미국의 통신회사 스프린트 넥스텔(Sprint Nextel)을 1조 6천억 엔에 매수하기로 발표한 즈음부터 변화가 오기 시작합니다. 스프린트는 미국 전체 3위 기업이었지만 손익은 적자였습니다. 손 회장은 스프린트를 반드시 V자 회복을 시키겠다고 장담했지요. 나아가 여기에 그치지 않고 스프린트를 통해서 언젠가 정보통신 세계에서도 1위로 자리매김하고 싶다고 강조해왔습니다. 당시 미디어들은 손 회장의 스프린트 매수 결정을 호의적으로 보도했는데, 거기에는 다 이유가 있었습니다.

손 회장이 스프린트를 매수한 2012년 10월이라는 시기는 일본에서 민주당 정권이 막바지에 이르던 시기로, 당시 환율은 1달러 80엔을 기록할 만큼 엄청난 엔고(円高)가 지속되던 때였습니다. 이후 아베노믹스의 적극적인 금융완화정책이 시작되면서 1달러 110~120엔까지 엔저(円安)를 이끌어냈기 때문에 그나마 다행이지, 만약 손 회장이 스프린트 매수 결단을 1년 정도 늦췄다면 인수 금액은 1.5배에 해당하는 2조 4천억 엔이 되는 셈이었지요.

손 회장이 당시 이러한 환율 동향까지 전망했는지는 알 수 없으나, 그는 당시 1달러 80엔이라는 수준을 보고 "지금이 기회다!"라고 생각했을 거라고 짐작이 갑니다.

환율을 언급한 김에 하나 더 살펴볼까요? 손 회장은 2016년 7월, 영국의 반도체 설계 회사 암(Arm)을 3조 3천억 엔을 들여 매수했는데, 이것도 참으로 절호의 타이밍에 이루어졌다고밖에 말할 수 없습니다. 손 회장이 암을 매수하기 직전이던 6월, 영국은 국민투표를 통해 EU를 탈퇴하기로 결정했던 때이고, 이로서 영국의 통화 파운드는 급락했습니다.

손 회장은 이때도 지체 없이 움직였지요. 보도에 의하면, 손 회장은 휴가를 보내고 있던 스튜어트 챔버스(Stuart Chambers) 암 회장을 만나기 위해 자가용 제트기를 타고 유럽까지 날아가 그의 요트가 기항(寄港)한 항구 도시의 레스토랑에 찾아가서는 매수를 타진했다고 합니다. 이때 환율은 1 파운드 130엔 가까이 떨어졌고, 그 다음 해 1파운드 150엔대가 되었으니, 손 회장의 매수 판단이 1년 정도 늦춰졌다면 당시보다 약 15% 높은 5천억 엔 정도 상승된 가격으로 매수했을 거라는 계산이 나옵니다.

역시 이 부분에서도 손 회장은 천재적인 감각을 발휘했던 겁니다. 아니, 그가 천재인지 아닌지는 알 수 없지만, 적어도 기회가 보일 때마다 민첩하게 움직이는 그의 행동력은 실로 압도적입니다. 환율이 아무리 좋은 조건이라도 1조 엔, 3조 엔이나 되는 투자를 그 자리에서 속전속결로 결정할 수 있는 경영자가 몇이나 있을까요? 전 세계를 다 뒤져

봐도 손 회장 말고는 생각나는 사람이 없을 겁니다. 아무리 생각해도 이렇게 어마어마한 결단력과 행동력을 보여주는 점에 대해서는 존경할 정도의 감탄이 나옵니다.

손 회장의 전설을 장식한 또 다른 스토리가 있습니다. 바로 알리바바 투자이죠. 여러분들도 대부분 아시는 바와 같이 때는 바야흐로 2000년, 손 회장은 알리바바의 창업자 마윈(Jack Ma) 대표를 만난 지 불과 5분 만에 20억 엔 투자를 결정했다는 이야기입니다. 그 당시 손 회장의 결정이 소프트뱅크에게 14조 엔 상당의 가치를 안겨 주었다는 사실만으로도 '손정의 신화'를 한층 더 거룩하게 만들었습니다.

그야말로 '투자의 신'이라고 할 수 있는 대목입니다. 누구도 그의 투자 판단에 물음표를 던지지 못할 신화로 기록된 스토리입니다. 아마도 손 회장 자신도 그렇게 확신했을 겁니다. '나는 투자의 신이다'라고 말이죠.

분명 "투자회사"이기는 한데...

손정의 회장은 2012년 스프린트 매수를 결정했을 때, 통신업계의 패권을 잡겠다는 말을 자주 하곤 했는데, 이후로는 개별 통신사업에 대한 열의는 점점 약해지고 이제는 확실하게 투자가로서 변모하고 있습니다. 손 회장은 2016년 11월 결산보고에서 이렇게 말한 바 있습니다.

"저는 지금까지 좌뇌를 중심으로 사용하며 소프트뱅크, 스프린트 사업에 대해 이론적으로 여러 작업을 수행해왔습니다. 또 한편으로는 18년간 취미처럼 우뇌를 움직이며 투자와 경영과 관련한 의사결정을 해왔습니다. 시간적 배분으로 따져보자면, 지금까지는 압도적으로 좌뇌의 배분이 많았습니다."

"지금부터는 우뇌를 활용한 투자 의사결정, 매니지먼트를 중점적으로 활용할 것입니다. (중략) 이미지적으로는 테크놀로지 업계의 워런 버핏(Warren Buffett)이 되고 싶습니다."

"제가 경영하는 소프트뱅크를 워런 버핏의 버크셔 해서웨이(Berkshire Hathaway) 같은 회사라고 생각해 주시면 좋겠습니다."

워런 버핏은 미국 네브래스카주 오마하(Omaha)에 거점을 두고부터 "오마하의 현인"이라고 불리우는 세계 최고의 투자가입니다. 그는 2020년 8월에 90살을 맞이했는데, 지금도 현역으로 투자를 판단하고 매년 거액의 이익을 챙기는 기염을 토해내고 있습니다. 버크셔 해서웨이는 방적회사였던 이전 기업을 매수해서 독특한 투자회사로 변모시켜 현재 25조 엔가량의 자산을 운용하고 있으며, 2008년 리먼 쇼크 때도 서브프라임 모기지(비우량 주택 담보 대출)가

버크셔 해서웨이를 이끌고 있는 버핏

위험하다는 것을 일찍부터 예고해 왔습니다.

버핏이 주주들에게 보내는 연차보고서는 전 세계 투자가들 사이에서 가까운 미래를 예견하는 '예언서'처럼 읽혀지고 있으며, 또 투자가라면 누구나 이 보고서를 읽어보고 싶어 합니다. 실제로 버핏의 연차보고서를 읽고 싶다는 이유만으로 기꺼이 버크셔 해서웨이의 주주가 되는 투자가들도 있다고 하니, 버핏은 분명 투자 세계의 카리스마 중에서도 으뜸가는 카리스마를 가진 투자가라는 것을 부정할 수는 없을 겁니다.

아무래도 손 회장은 2015년 즈음부터 자신을 제2의 버핏으로 생각하게 되었나 봅니다. 하지만 손 회장이 거액의 자금을 모아서 스타트한 비전펀드는 3년도 채 안 돼서 무참한 신세가 되었습니다. 50년이 넘는 세월 동안 수익을 창출해온 버핏과는 하늘과 땅 차이의 결과입니다.

손정의 회장은 2020년 2월 12일, 결산보고에서 다음과 같이 언급하기도 했습니다.

> "소프트뱅크그룹은 전략적 주주회사로서 투자를 본업으로 하는 회사로 다시 태어났습니다. 이제 영업이익이나 매상과는 관계 없습니다. 잊어도 되는 숫자입니다."

그러나 중요한 점은 투자 성적이 말해 주고 있습니다. 아무리 멋진 스피치를 하더라도 결과가 말해 주니까요.

쓰레기주 펀드

2020년 3월 13일, 손 회장은 더 이상 주가가 하락하지 않도록 5천억 엔의 자사주 매입을 발표했고, 연이어 3월 23일에는 손 회장이 투자한 기업들의 주식 4조 5천억 엔어치를 매각하겠다고 공표했습니다.

지금까지 봐 왔듯이 비전펀드가 투자한 기업들을 잘 살펴보면 주식을 내다 팔 수 없을 정도로 실적이 부진한 회사들이 많은 가운데 손 회장이 주옥같이 아끼는 우량주인 알리바바, 통신기업 소프트뱅크, 그리고 소프트뱅크그룹의 연결재무제표 대상에서 분리한 스프린트의 주식을 안 팔래야 안 팔 수 없는 지경에 이르렀습니다.

하지만 이 정도의 매출 규모면 사실 주가가 폭락해버릴 위험이 있습니다. 그래서 이때 손 회장은 거래 마감 이후부터 이른 아침까지 상대거래[7]를 진행할 구매자를 찾았다고 합니다. 여기에 참여한 것이 골드만 삭스였지요. 하지만 이걸로도 충분하지 않았는지, 손 회장은 불과 4년 전에 매수한 암 주식까지 팔았습니다. 그리고 앞으로 2조 엔의 자사주 매입이나 유이자(有利子)부채의 삭감을 실행한다고 합니다.

이렇듯 소프트뱅크가 팔 수 있는 것은 모조리 팔아서 현금화하고, 자사주 매입으로 어떻게든 주가를 끌어올리는 걸 보니, 손 회장의 초조함이 고스란히 전해지는 것 같습니다.

신용평가회사 무디스(Moody's)는 2020년 3월 25일, 소프트뱅크그룹의 신용등급을 Ba1에서 Ba3로 2단계 내렸습니다. 이 정도의 신용등급은 투기적으로 판단되어 상당한 신용 리스크가 있는 채무를 의미하는 'Ba' 중에서도 하위에 해당하는 등급입니다.

이 말인즉슨, 소프트뱅크그룹의 사채가 정크채가 되었다는 것이지요. 소프트뱅크그룹의 사채를 구입한 65만 명(연인원수)의 투자가들은 안절부절 못할 겁니다. 소프트뱅크가 망하면 사채도 모두 무용지물이 되어 버리니까요.

7 구매할 사람이 구입할 상대방을 찾아 수량과 가격, 그리고 결제 조건 등을 합의하여 결정하는 매매방법이다.

무디스는 소프트뱅크그룹이 우량투자기업의 주식을 팔아서 4조 5천억 엔을 현금화하는 것에 대해서도 이렇게 비판했습니다.

"평가가 높은 상장주식의 일부를 매각해온 경우, 포트폴리오의 자산가치와 신용력은 악화할 가능성이 있다."

이것을 제 나름대로 해석하자면, 소프트뱅크에 남겨진 주식은 이제 쓰레기주밖에 없다는 소리입니다. '비전'을 전달하는 펀드가 아니라 쓰레기를 담아 낸 펀드가 되었다는 공포스러운 지적입니다. 소프트뱅크그룹은 무디스의 해당 등급 개정에 대해 이례적으로 반론했습니다. 무디스가 "잘못된 이해와 억측에 따라" 판단을 내렸다고 지적하며, 이후의 신용평가 의뢰는 취소하기까지 했습니다.

하지만 세계적인 신용평가회사의 등급을 얻는다는 것은 거액의 사채를 발행하는 사업회사에게 따르는 최소한의 책임입니다. 신용등급이 없다면 사채를 사는 사람들이 무엇을 기준으로 판단해야 좋을지 혼란스러울 수 있거든요.

더구나 다음 그래프를 보시면 잉여현금흐름의 마이너스 폭이 계속 커지고 있는 것을 확인할 수 있습니다. 이대로라면 소프트뱅크는 자금 유통이 어려워져 대폭적으로 사업 축소를 강행해야 할지도 모릅니다. 즉, 소프트뱅크는 알리바바 주를 더 많이 매각해야 할 수도 있고, 그렇게 되면 사

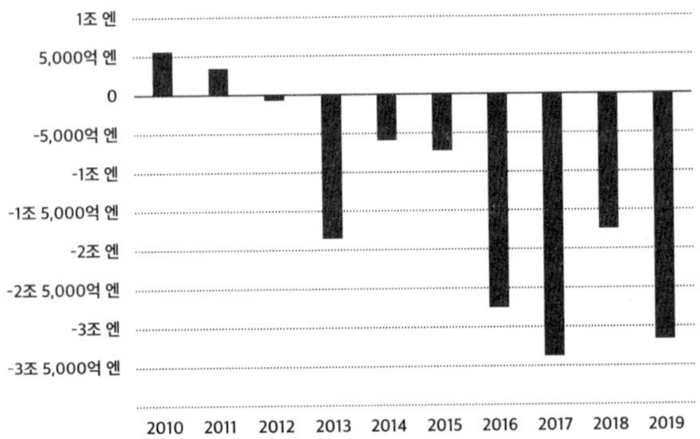

소프트뱅크그룹의 잉여현금흐름 추이

실상 소프트뱅크가 해체되는 사태까지도 생각할 수 있습니다.

상장폐지를 검토한 이유

그렇다면 소프트뱅크는 도산할 위험이 있는 것일까요?

2020년 3월 24일자 영국의 파이낸셜 타임스에 따르면, 손 회장은 한때 진심으로 상장폐지까지 고려한 적이 있다고 보도했습니다. 소프트뱅크그룹에 투자한 대표적인 행동주의 주주사(Activist Fund)인 엘리엇 매니지먼트(Elliott Management)와 아랍수장국연방의 정부계 펀드 PFI도 상장폐지를 둘러싼 논의에 참여했는데, 결과적으로는 상장폐지 계획은 백지화되었다고 보도했습니다.

손 회장이 상장폐지를 검토한 이유는 단 하나입니다.

> **"이렇게 싼값을 부르는 무디스 같은 신용평가회사나 투자가들은 소프트뱅크그룹의 진짜 가치를 이해하지 못하고 있는 거야."**

아마도 손 회장은 소프트뱅크그룹의 주가가 부당하게 저평가되었다고 생각했을 겁니다. 이렇게 저평가받을 바에야 차라리 차입을 더 늘려 시장에 있는 주식을 빨아들이고 상장을 폐지해서 주주에게 압박받지 않고 자유롭게 경영하는 게 낫다고 생각했을 것이고, 손 회장 자신의 계획대로 회사를 경영하면 회사 가치도 반드시 올라갈 것이라고 자신만만해 했던 겁니다. 손 회장은 일단 상장을 폐지해서 모든 주식을 사들이고, 회사의 가치가 올라갔을 때 다시 상장시킨 후 차입금을 돌려주면 거액의 수익을 얻을 수 있다는 계산이지요.

실제로 2020년 3월 19일 소프트뱅크그룹의 주가가 2천 엔대까지 내려가서 시가총액은 7조 엔을 밑돌았던 적이 있습니다. 만약 손 회장이 정말로 소프트뱅크그룹의 상장을 폐지할 경우, 총 발행주식의 3분의 2에 해당하는 66.7%를 회수할 필요가 있는데, 손 회장이 소프트뱅크그룹 전체 주식의 21.25% 정도를 보유하고 있으니, 앞으로 2조 8천억 엔 정도의 융자를 받아서 남은 40% 정도를 회수하면 상장폐지는 가능합니다. 이 정도 액수는 일반인들에게는 천문학적인 숫자로 보이겠지만, 지금까지 2~3조 엔 단위의 투자를 간단히 해 온 손 회장으로서는 상당히 현실적인 금액입니다. 실제로 해외투자펀드도 이와 비슷한 움직임을 보여왔습니다.

〈소프트뱅크 G 주식은 "초득템", 행동주의 주주(Activist Fund) 영국 펀드가 신규투자

행동주의 주주로 유명한 영국의 투자펀드 AVI(Asset Value Investors)는 소프트뱅크그룹의 주가가 터무니없이 저평가되었다며 신규투자를 시작했다고 밝혔다.

2020년 4월 1일, AVI의 최고경영책임자 조 보언프론드(Joe Bauernfreund)는 블룸버그 기자진의 취재에 대해 2020년 2월부터 소프트뱅크 G 주식에 투자를 시작하고, 3월부터 사들인 주식들을 포함하면 지금까지 약 50억 엔을 투자했다고 밝혔다.〉(블룸버그, 2020년 4월 3일자)

손 회장은 자신의 경영 수완에 절대적인 자신을 갖고 있기에 자사주를 매입한 것이지만, 투자펀드가 소프트뱅크그룹의 주식을 매입한 이유는 조금 더 냉철합니다.

소프트뱅크그룹이 보유하는 주식 시가는 2020년 2월 12일 기준으로 아래와 같습니다.

알리바바	= 16조 1천억 엔
소프트뱅크	= 4조 8천억 엔
스프린트	= 3조 2천억 엔
암	= 2조 7천억 엔
비전펀드	= 3조 2천억 엔

소프트뱅크그룹은 그 외의 주식까지 포함할 경우 총액 31조 엔 상당의 주식을 보유하고 있다고 발표한 바 있습니다. 여기에서 유이자(有利子)부채 14조 엔을 차감하면 시가 총액은 17조 엔으로, 17조 엔어치의 기업쇼핑을 할 수 있는 것이지요. 만일 헤지 펀드가 소프트뱅크그룹의 주식을 전부 사버리면 그 자리에서 알리바바 등의 보유 주식을 바로 매각하고, 이를 차감하면 10조 엔을 벌 수가 있습니다.

그렇게 소프트뱅크그룹을 해제하고 쪼개 팔아 치우면 거액의 이익을 손에 넣을 수 있겠지요. 그러면 "손정의"라는 경영자는 별 볼 일 없게 됩니다. 오히려 헤지 펀드로서는 손 회장이 없는 편이 소프트뱅크의 자산을 자유롭게 주무를 수 있으니 편할 수도 있습니다. 손 회장이 자사주 매입과 상장폐지를 고려한 것은 이러한 전개를 염려했기 때문이겠죠.

결국 알리바바에 기대야 하는가

금융자본의 세계는 육식동물들의 싸움과도 같습니다. 제아무리 손 회장 정도의 경영자일지라도 몇 번의 투자 실패를 반복하고 기업 재무에 데미지를 주면 침략자들이 공격할 수 있는 틈이 생깁니다. 이를 피하기 위해서는 무슨 짓을 해서라도 자사 주가를 올리거나 혹은 상장을 폐지해서 침략자에 대한 방어를 굳혀야 합니다. 어느 쪽을 고르든 자사주를 매입할 수밖에 없지요.

그렇다면 왜 손 회장은 자사주 구입 후 상장폐지라는 길을 선택하지 않은 걸까요?

아무리 손 회장이라고 해도 2조 8천억 엔이나 되는 자금을 쉽게 준비할 수는 없을 겁니다. 분명히 손 회장과 인연이 깊은 미즈호은행(みずほ銀行)과 상담을 했을 터입니다. 하지만 결국 그만큼의 자금조달이 실현되지 않은 것으로 보아 금융기관들이 응하지 않았던 것이 틀림없습니다. 금융기관 입장에서 보면, 그 정도의 거액을 선뜻 내준다는 게 쉽지 않을 것이고, 또 대출을 결단하기 위해서는 상당한 선견지명이 있어야 가능하겠지요.

손 회장이 말한 대로 기업을 상장폐지해서 자신이 자유롭게 경영하며 대폭적인 실적 개선을 할 수 있다는 확신이 선다면 금융기관은 당연히 그의 제안을 승낙했을 겁니다. 하지만 금융기관들은 그 정도의 확신이 없었기에 대출은 더 이상 진행되지 않았습니다.

저는 그래도 손 회장에게 아직까지는 행운이 남아 있다고 생각합니다. 2020년 2월, 경영재건에 온갖 고생이란 고생은 다 했던 스프린트와 마찬가지로 T 모바일과의 합병이 미국의 사법당국에 의해 간신히 승인되고, 2020년 4월 1일자로 합병되면서 스프린트는 소프트뱅크그룹의 연결결산에서 분리됩니다. 코로나 위기 직전에 스프린트를 팔아치우고, 소프트뱅크는 그간 떠안아 왔던 거액의 부채를 대차대조표(balance sheet)에서 지울 수 있게 되었습니다.

또 소프트뱅크그룹이 보유해 온 최대 자산 알리바바 주는 코로나 위기로 인터넷 통신판매 시장이 확대되면서 16조 엔의 가치를 돌파했습니다. 알리바바는 배달사원이 부족해서 문제가 되었던 시기도 있었지만, 그룹 기업 내 다른 기업의 종업원을 임시 배달사원으로 배치하는 것으로 대처하면서 위기를 모면하기도 했습니다.

결론적으로 보면, 현재 소프트뱅크의 경영은 알리바바 주에게 기대고 있는 모양새입니다. 만약 알리바바에게 무엇인가 예기치 못한 불운이 생긴다면 소프트뱅크의 미래 역시 어둠 속으로 빠져들 가능성이 남아 있습니다.

문제는 코로나 위기가 수습되고 난 후에 일어날 미국과 중국의 대립입니다. 미국의 트럼프 전 대통령은 신형 코로나 바이러스의 발생원이 중국 우한의 연구소라고 거듭 주장해 왔고, 중국은 이에 대해 거세게 반발해 왔던 것을 기억하시죠?

한편 2020년 5월 20일, 미국 상원 본회의에서는 「외국기업설명책임법」을 전원 일치로 가결시켰는데요. 이는 미국 시장에 상장되어 있는 외국기업은 경영 투명성을 입증해야 하며 외국 정부의 지배하에 놓여있지 않다는 것을 입증해야 한다는 내용의 법안입니다. 즉 미국 상장기업 회계감사위원회(PCSOB)에서 회계감사 현황을 검사받는 것을 의무로 하고 있습니다만, 만일 3년 연속 통과하지 못하거나 검사를 거부할 경우 상장폐지할 수 있도록 만든 법안입니다.

이 법안 내용에는 중국을 특정하여 명시하지는 않았지만, 사실상 중국 기업을 염두에 둔 법안이라고 할 수 있습니다. 미국의 주식시장에 상장되어 있는 중국 기업이 중국 공산당의 지배하에 있다는 것이 증명될 경우, 그 기업의 주식은 미 증권시장에서 상장폐지될 가능성을 열어둔 법안이거든요.

실제로 미국과 중국의 관계가 회복 불가능할 정도로 악화된다면 미국 뉴욕증시거래소에 상장되어 있는 알리바바주에도 당연히 큰 영향이 미칠 것입니다. 그러니 손 회장은 지금 외줄 타기 하고 있는 것 같은 심경일 겁니다.

이러한 소프트뱅크의 동향에 메가뱅크 또한 예의 주시하고 있습니다. 손 회장의 동맹이라 불리우는 미즈호파이

낸셜그룹(みずほファイナンシャルグループ)의 수장인 사토 야스히로(佐藤康博, 1952~) 회장은 소프트뱅크그룹에게 수조 엔 상당의 거액을 대출해 주었습니다. 만에 하나 소프트뱅크에서 잘못된 판단이 드러날 경우 미즈호파이낸셜그룹도 마냥 무사할 수는 없을 겁니다.

손정의 회장의 개인 자산에는 어떤 변화가 있을까

2020년 3월, 갑작스러운 주가 폭락으로 손 회장의 개인 자산에도 큰 손실이 발생했습니다. 손 회장이 소프트뱅크의 상장폐지를 단념한 이유 중 하나가 바로 이 부분일 겁니다. 손 회장은 패스트 리테일링(Fast Retailing, 유니클로의 모회사)의 회장 겸 사장인 야나이 다다시(柳井正, 1949~) 다음으로 일본에서 제일 많은 자산을 보유하고 있는데, 그 자산 규모가 무려 2조 엔에 달한다고 알려져 있습니다. 그런데 그 자산의 대부분은 소프트뱅크그룹주입니다.

지분이 변동될 경우 보고해야 할 의무가 있는 「대량보유상황 보고서」에 의하면, 손 회장은 유한회사 손홀딩스, 손어셋매니지먼트합동회사 등 4개의 개인회사를 포함한 소프트뱅크그룹 주식 전체의 26.90%나 되는 5억 6천212만 주를 보유하고 있으며, 아래에서 볼 수 있듯이 이들 주식의 이익은 그야말로 엄청납니다.

	보유주권 등의 수	주권 등 보유비율(%)
손정의	4억 6242만 9364	22.13
손홀딩스	208만 2532	0.10
손어셋매니지먼트	1855만 4420	0.89
손부동산	6000만	2.87
손코포레이션	1905만 9600	0.91
합계	5억 6212만 5916	26.90

소프트뱅크그룹 주식회사는 2018년도까지는 3년 연속으로 주주들에게 1주당 22엔을 배당해왔는데, 손 회장의 경우 3년간 매년 101억 7천300만 엔을 받아 왔습니다. 2019년도에는 전기에 1주당 22엔, 후기에 또다시 1주당 22엔을 배당하면서 예년의 두 배에 해당하는 44엔을 배당하였고, 이때 손 회장은 2019년 10월에 101억 엔을, 그리고 2020년 4월에는 후기 분배금 101억 엔을 받았습니다. 소프트뱅크가 거액의 적자를 계상(計上)한 상황에서도 말이죠.

이름을 거론해서 미안합니다만, 닛산의 경영자였던 카를로스 곤 씨의 경우, 자신의 보수를 5억 엔에서 10억 엔 정도로 높게 설정해 수입을 늘리려는 꼼수를 부렸지만, 손 회장은 그런 식으로 이익을 챙기지 않습니다. 손 회장이 실제로 소프트뱅크 이사진 자격으로 받는 보수는 껌값 정도에 불과한 1억~2억 엔 정도이고 이마저 전액을 기부한다고 합니다.

손 회장의 남다른 금전 감각은 여기에 머물지 않습니다. 보통의 경영진 같으면 회사 경영을 통해서 얻은 보수로 호화로운 저택이나 별장 등을 짓는 것으로 만족하겠지만, 손 회장은 회사 자산에 자신의 개인 자산까지 집어넣어 가면서 투자에 힘쓰고 있습니다. 물론 손 회장도 도쿄(東京) 아자부(麻布)에 대저택을, 그리고 지바현(千葉県)의 다테야마(館山)와 미국 캘리포니아주에 별장을 소유하고는 있습니다만, 거기에 만족하지 않고 '세계 최고의 우수한 천재투자가', '신흥기업의 장래성을 꿰뚫어 보는 천재'로 인정받기를 더 원하는 듯이 보입니다.

그 이유는 앞서도 언급했듯이 손 회장 개인이 떠안고 있는 거액의 차입 때문입니다. 소프트뱅크그룹이 14조 엔의 유이자(有利子)부채를 떠안고 있다는 것은 잘 알려져 있지만, 손 회장 개인의 차입도 수천억 엔 수준에 이릅니다.

거액차입의 내용

독자 여러분들께서는 손 회장 정도의 자산가가 빚을 질 리는 없을 것이라고 생각할 수도 있겠습니다만, 실은 손 회장은 자신이 보유하는 소프트뱅크그룹주를 담보로 거액의 돈을 빌려 투자활동을 벌이고 있습니다. 요 몇 해 사이 그 금액이 점점 불어나고 있으니, 어쩌면 '투자 중독'이라고 봐도 무방하겠지요.

그렇다면 이제 손 회장의 빚이 어느 정도인지 구체적

으로 살펴보도록 합시다. 대량보유상황 보고서에 의하면, 2019년 5월 20일 단계에서 손 회장이 빚을 지고 있는 금융기관과 거기에 담보로 차입한 주식 수는 아래와 같습니다.

(1) 미즈호은행 오오테마치영업부	725만 주
(2) 신세이은행	300만 주
(3) 다이와증권	670만 주
(4) SMBC신탁은행	200만 주
(5) Union Bancaire Privee, UBP SA	500만 주
(6) 크레디스위스은행 도쿄지점	1600만 주
(7) UBS은행 도쿄지점	400만 주
(8) LGT Bank in Liechtenstein Ltd.	400만 주
(9) Bank J.safra Sarasin Ltd.	400만 주
(10) Bank Julius Bear&Co.Ltd.	1300만 주
(11) 도쿄스타은행	150만 주
(12) CA Indosuez(Switzerland) SA	300만 주
(13) 독일은행 도쿄지점	290만 주
(14) Bank Lombad Odier&Co. Ltd.	200만 주
(15) Picte&Cie(Europe) S.A.	350만 주
(16) 미즈호은행 및 미즈호신탁은행	760만 주
(17) 노무라증권	1000만 주
합계	9545만 주

이 밖에도 '손어셋먼트매니지먼트 합동회사' 명의로 620만 주를, '손부동산 합동회사' 명의로 600만 주를 각각 BOA(Bank of America) NA 도쿄지점, 미쓰이스미토모은행에 담보 제공하고 있습니다.

담보로 한 소프트뱅크그룹 주식의 총수는 1억 765만 주로, 차입날인 2020년 5월 20일 시점의 주가(5170엔)를 기준으로 계산하면 5천565억 엔에 이릅니다. 주식을 담보로 차입할 경우, 시가의 65%를 융자받을 수 있으므로, 손 회장은 국내외 19개 금융기관으로부터 합계 3천600억 엔 정도의 자금을 차입했다는 계산이 나옵니다. 손 회장은 이 막대한 자금을 손에 쥐고 투자활동을 계속해 왔던 것입니다. 그리고 현재 이 금액은 개인 투자가로서는 일본 최대급입니다.

손 회장은 이렇게 해서 인도의 호텔 체인 오요에 15억 달러(1620억 엔)를 개인출자하고 있는 것 외에도, 위워크를 포함해 '이거다'라고 생각한 기업들에게 투자를 해 왔습니다.

하지만 2020년 3월 주가 폭락으로 손 회장은 예기치 않게 궁지에 몰리게 되었습니다. 소프트뱅크그룹의 주가가 폭락하면서 손 회장이 금융기관에 맡겼던 담보 가격이 5천565억 엔에서 2천892억 엔까지 반감하고 말았습니다. 보통 이런 경우에는 자금을 대출해준 금융기관은 추가 담보를 요구합니다. 급락 직후 2020년 3월 24일에 제출된 '대량보유상황 보고서'를 보면 담보 수의 증감이 기록되어 있어서 금융기관이 얼마를 요구했는지 명확히 알 수 있습니다.

(1) 미즈호은행 오오테마치영업부	725만 주	→	1450만 주
(2) 신세이은행	300만 주	→	200만 주
(3) 다이와증권	670만 주	→	2710만 주
(4) SMBC신탁은행	200만 주	→	400만 주
(5) Union Bancaire Privee, UBP SA	500만 주	→	1000만 주
(6) 크레디스위스은행 도쿄지점	1600만 주	→	4200만 주
(7) UBS은행 도쿄지점	400만 주	→	800만 주
(8) LGT Bank in Liechtenstein Ltd.	400만 주	→	800만 주
(9) Bank J.safra Sarasin Ltd.	400만 주	→	800만 주
(10) Bank Julius Bear&Co.Ltd.	1300만 주	→	2600만 주
(11) 도쿄스타은행	150만 주	→	300만 주
(12) CA Indosuez(Switzerland) SA	300만 주	→	600만 주
(13) 독일은행 도쿄지점	290만 주	→	580만 주
(14) Bank Lombad Odier&Co. Ltd.	200만 주	→	0
(15) Picte&Cie(Europe) S.A.	350만 주	→	700만 주
(16) 미즈호은행 및 미즈호신탁은행	760만 주	→	1320만 주
(17) 노무라증권	1000만 주	→	1500만 주
	합계		1억 9960만 주

미즈호은행은 725만 주의 담보를 1천450만 주로 증액했고, SMBC신탁은 200만 주에서 400만 주로, 그리고 UBS은행 역시 400만 주에서 700만 주로 늘리는 등 대부분의 은행이 담보를 요구했습니다. 그중에서도 엄격하게 요구한 곳은 다이와증권과 크레디스위스은행입니다. 이 두 개의 금융기관은 각각 670만 주에서 2천710만 주로, 그리고 1천600만 주에서 4천200만 주로 세 배 전후에 이르는 인상폭을 요구했습니다. 이로 인해 손 회장은 1억 9천960만 주나

되는 소프트뱅크그룹주를 담보로 차입하게 되었습니다.

추가 또 추가

그로부터 3일 후인 2020년 3월 27일, 손 회장은 또다시 대량보유상황 보고서를 제출했습니다. 보고서에 의하면, 다이와증권은 390만 주, 크레디스위스은행은 700만 주를 담보로 요구했습니다. 이 밖에도 노무라증권, Union Bancaire, CA Indosuez, 독일은행 등의 외자계 금융기관도 수백만 주 전후로 추가 담보를 요구했습니다. 은행을 '사채업자'라고 말하는 것은 예의가 아닐지 모르겠지만, 냉철하게 말하자면 틀린 말은 아니지요. 담보의 가치가 감량하면 인정사정 없이 추가 담보를 요구하니까요.

이에 따라 손 회장이 금융기관에서 차입한 주식 수는 당초보다 두 배에 이르는 2억 2천40만 주까지 불어났습니다. 손 회장은 소프트뱅크그룹의 27%를 쥐고 있는 필두 주주이지만, 그중 40%가 담보로 잡혀 있는 셈입니다.

한편 2020년 3월 27일 조금 흥미로운 일이 일어났습니다. 사실 이날 16시 36분이 지나고 불과 1분 후인 16시 37분에 두 번째 대량보유상황 보고서가 제출되었거든요. 두 보고서의 내용에는 거의 차이가 없는 듯 보이지만, 꼼꼼하게 살펴보면 미세한 숫자의 변화를 눈치챌 수 있을 겁니다. 바로 다이와증권과 크레디스위스, 노무라증권의 담보가 변경되어 있다는 점이지요. 어느 쪽이든 36분에 보고된 담보와는 달리 37분 보고서에는 수백만 주가 줄었습니다.

추측하건대, 이 보고서를 제출하는 아슬아슬한 순간까지 손 회장은 3사 간의 담보 설정을 둘러싸고 격렬한 충돌이 있던 것이 아닐까 싶습니다.

앞서 보았듯이, 다이와증권과 크레디스위스, 노무라 등 3개 금융기관은 손 회장에게 더 강력히 담보를 요구했겠으나, 손 회장의 반론으로 마지막 순간에 양보했을 가능성이 있습니다.

세계 부호 39위에 올라 있고 자가용 제트기로 전 세계를 날아다니는 손 회장일지라도, 담보를 둘러싼 금융기관과의 좌충우돌을 보고 있자니, 당장 발등에 떨어진 불을 끄기 위해 안간힘을 쓰고 있다는 인상을 받게 됩니다. 2020년 3월 말 시점에서 상당히 심각한 국면을 맞아 진땀을 흘렸겠다고 봐야겠지요.

주가 폭락 위기

의료품 통신판매 사이트 ZOZO의 창업자인 마에자와 유사쿠(前澤友作) 사장도 3천억 엔의 자사주를 담보로 잡히고는 금융기관으로부터 현금을 빌렸습니다. 마에자와 사장은 그렇게 해서 얻은 거액의 자금으로 사업에 투자한 것이 아니라 현대 미술가의 작품을 고액으로 구입하거나 트위터로 100명에게 100만 엔의 '용돈'을 뿌리겠다고 공언하는가 하면, 미국의 스페이스X사가 공모한 우주비행 제1호에 자신의 이름을 올리기도 했습니다.

ZOZO의 창업자
마에자와 유사쿠(前澤友作)

마에자와 사장이 어떤 전략에 근거해 그런 식으로 자금을 사용했는지는 모르겠지만, 적어도 톡톡 튀는 일련의 활동 덕분에 그의 캐릭터를 일본 전국 곳곳에 알리는 효과는 있었습니다.

하지만 2019년 9월, 마에자와 사장은 자신이 설립하고 키운 회사를 포기해야 하는 상황에 직면하게 됩니다. 한때는 5천 엔에 가까웠던 ZOZO의 주가가 2천 엔까지 폭락하면서 노무라신탁은행이나 미쓰이스미토모은행, UBS은행 등으로부터 추가 담보 요구가 있었다고 합니다. 그는 결국 회사를 소프트뱅크그룹 산하의 야후에 매각하고는 사장 자리마저 양도하는 불운을 맞이하게 됩니다.

소유주식을 담보로 거액을 차입하는 리스크는 바로 여

기에 있습니다. 어떤 계기를 통해 주가가 급락하게 되면 은행으로부터 추가 담보에 대한 압박을 받게 됩니다. 그럴 경우 기업은 차입금에 대한 금리를 지불해야 하는 상황에서 결국은 압박을 받는 가운데, 어쩌면 마지막으로 차입금을 변제하기 위해 모든 것을 포기해야 하는 상황에 직면할 수도 있습니다. 그렇기 때문에 소유주식을 담보하여 차입을 한 경영자는 항상 자사주 주가를 일정 이상으로 유지해야 한다는 강박관념에 계속 사로잡히는 겁니다. 그렇다고 주가를 조작할 수는 없습니다.

2008년 전 세계적인 금융위기가 일어났을 때를 생각해 보십시오. 사람들이 자신들이 투자한 기업의 성장성에 의심을 품기 시작하거나 사소하게는 기업 경영자나 이사진에서 어떤 불법적인 스캔들에 연루될 때도 마찬가지로, 예기치 못한 계기로도 주가는 항상 폭락할 수 있습니다.

2020년 3월 19일에 일어난 소프트뱅크의 주가 급락의 원인을 살펴보면, 코로나 위기가 소프트뱅크에게 큰 데미지를 안겨줄 것이라는 투자가들의 두려움이 초래한 결과였습니다. 주가 폭락 직후 손 회장은 5천억 엔을 지출해서 자사주를 대량으로 사들였습니다. 또 일본과 미국 중앙은행의 대규모 금융완화정책과 재정 투입 등의 도움 덕분에 주식 시장에 자금이 대량 공급되면서 소프트뱅크는 간신히 위기를 면할 수 있었습니다.

그러나 코로나 위기 이후 또 다른 금융위기가 터진다면

소프트뱅크그룹의 주가를 지지해줄 수 있는 것은 더 이상 없습니다. 손 회장이 수중에 갖고 있는 주식을 또다시 담보로 제공할 경우 그 자체가 신용불량을 불러일으켜 주가를 하락시키는 계기가 될 가능성이 있기 때문입니다. 어쩌면 살얼음판을 걷는 기분일지도 모릅니다.

그렇다면 투자의 천재 손 회장은 대체 왜 이 지경에까지 몰린 걸까요?

손 회장을 꾸짖을 수 있는 남자로 알려진 패스트 리테일링(유니클로) 회장 겸 사장인 야나이 다다시(柳井正, 1949~) 회장도 2019년 말 소프트뱅크그룹의 사외이사 자리에서 물러났습니다. 또 손 회장의 동맹인 알리바바의 마윈 사장도 2020년 6월 25일 자로 사외이사를 퇴임했습니다.

일본전산의 나가모리 시게노부(永守重信, 1944~) 회장, 일본맥도날드의 후지타 덴(藤田田, 1926~) 사장 등, 예전에 소프트뱅크의 사외이사를 역임했던 경제계의 중진도 이제는 없습니다. 손 회장이 직접 후계자로 지명하고 140억 엔 상당의 보수를 약속 받았던 니케시 아로라(Nikesh Arora, 1968~) 씨도 이유를 밝히지 않은 채 소프트뱅크를 떠나 버렸습니다. 이제 손 회장에게 간언할 수 있는 사람은 없습니다. 손 회장은 아마도 지금 고독할 겁니다.

제2장

일본의 대기업을 엄습하는 금융위기

잇달아 자취를 감춘 "세이호"

이제 금융위기가 본격적으로 눈앞에 다가오고 있습니다. 2020년 들어 일본 닛케이지수(日経平均指数)나 미국 다우존스 산업 평균 지수 등, 전 세계의 주식상장이 연일 대폭락했습니다. 하지만 이러한 현상은 오히려 금융 제도를 바꿀 수 있는 좋은 기회라고 생각합니다.

저는 리먼 쇼크 당시의 충격을 뚜렷이 기억하고 있습니다. 사실 저는 리먼 쇼크의 충격을 계기로 더 이상의 금융사기 행위에는 가담하지 않겠다고 다짐하고는 당시 제가 일하던 금융업계를 떠났거든요.

저는 차후에 코로나로 인해 상당한 영향을 받게 될 업계는 바로 생명보험업계라고 생각하고 있습니다. 그래서 생명보험업계의 도산 리스크에 대해 살펴보고자 합니다. 우선 세계대전 이후에 파탄한 대기업 보험사들을 나열해 보겠습니다.

1997년 닛산생명(日産生命)[1]	→	푸르덴셜생명(푸르덴셜생명이 닛산생명을 계승, 이하 동일함)
1999년 도호생명(東邦生命)	→	지브롤터생명
2000년 치요다생명(千代田生命)	→	지브롤터생명
2000년 다이햐쿠생명(第百生命)	→	매뉴라이프생명
2000년 교에이생명(協營生命)	→	지브롤터생명
2000년 다이쇼우생명(大正生命)	→	PGF생명 (푸르덴셜 지브롤터 파이낸셜생명)
2001년 도쿄생명(東京生命)	→	T&D파이낸셜생명
2008년 야마토생명(大和生命)	→	PGF생명

보시는 바와 같이 일본의 생명보험사 대부분은 외자계 기업에 흡수되었습니다. 그 주된 이유는 저금리정책으로 발생된 역마진(reverse margin) 때문이라고 할 수 있습니다. 이게 무슨 말이냐면, 예를 들어 100만 엔을 적립하면 만기 때 300만 엔을 돌려받는 상품이 시장에 수두룩했다는 겁니다.

8 버블붕괴 이전에 공격적인 영업을 지향해 왔던 닛산생명은 1990년대 저금리 기조와 주가 급락에 따른 누적된 적자와 계약이탈로 1997년 4월 일본 생명보험회사 가운데 처음으로 대장성으로부터 업무정지명령을 받았다.

쇼와시대(昭和時代, 1926~1989) 때 발생했던 버블이 헤이세이시대(平成時代, 1989~2020)에 들어서면서 붕괴되자, 과거에 고금리로 계약했던 상품들에 대한 이자를 지불할 수 없게 되어 버린 겁니다.

일본에서는 1990년대 초반부터 경기 침체가 이어지면서 초저금리정책이 계속됐는데, 그럼에도 불구하고 이전에 판매된 고금리 상품은 여전히 존재하는 상황에서 더 이상 유지하기 어려워지다 보니 어쩔 수 없이 회사를 매각하게 된 겁니다. 이러한 상황 변화는 앞으로도 계속 일어날 거라고 봅니다.

일본의 10년 국채 이율의 추이를 살펴보면, 70년대 후반에는 국채 이율이 10%가 넘을 때도 있었는데, 그 후에 점점 내려가다가 결국 마이너스를 기록했습니다.

2008년 야마토생명이 파탄한 원인은 리먼 쇼크 때문입니다. 업계 하위였던 야마토생명은 저조한 보험료 수입을 커버하기 위해 증권화 상품 등의 고위험군 투자에 집중되어 있었는데, 증권화 상품을 다른 말로 하면 서브프라임 모기지론 관련 상품입니다. 매우 위험한 금융상품에 투자했던 야마토생명은, 결국 리먼 쇼크라는 미증유의 금융위기를 견디지 못하고 거액의 손실을 떠안게 되면서 파탄에 이르렀습니다.

미국에서도 역시 리먼 쇼크로 인해 대기업 생명보험사인 AIG가 파탄했습니다. 리먼 브라더스의 보유 채권에 대한

CDS(Credit Default Swap, 도산보상에 대한 파생상품)를 대량 보유했던 것이 원인이었지요. 예상컨대 약 50조 엔에 이르는 상상을 초월한 원금이 거의 전액 손실되었습니다. 너무나 거대한 기업이었기 때문에 연쇄적으로 금융 파탄이 일어날 가능성이 있어서 미국 정부가 구제하려고 달려든 겁니다.

보험회사가 도산하면 어떻게 되는가

보험회사들이 제로금리정책 이후부터 본의 아니게 수익을 내지 못하고 있다 보니 수익을 내기 위해 고위험 자산에 투자를 늘리고 있습니다. 독일은행 정도까지는 아니더라도 보험사들이 이런 식으로 경영 리스크를 높이고 있다는 점은 틀림없습니다. 이대로 간다면 금융 버블이 터질 경우 보험업계에서 가장 많은 도산기업들이 쏟아져 나올 것입니다.

그렇다면 소비자들은 어떤 보험회사를 고르는 게 좋을까요?

우선 보험회사가 도산하면 어떻게 되는지를 알아보도록 합시다. 1998년 6월에 개정된 보험업법에 근거하여 설립된 '생명보험계약자 보호기구'[9]가 고객의 자금을 보상해 줍니

9 일본은 보험회사의 경영이 어려워질 경우 보험계약자를 보호하기 위해 보험계약자 보호기구를 두고 있다. 이 기구의 목적은 파산한 보험회사보유 보

다. 고객은 생명보험계약자 보호기구로부터 책임준비금의 90%를 보상받을 수 있는데, 보험금이나 연금을 얼마나 보상받을 수 있는지는 미지수입니다.

은행이 파탄할 경우에는 예금보험기구가 페이 오프(pay off) 제도를 통해 고객의 예금 중 1천만 엔까지는 보호해 주기 때문에 보험회사 쪽이 리스크가 더 높다고 할 수 있습니다. 과거에 도산한 보험회사 중 저축형 보험은 원금이 손실되었습니다. 예전에 지인이 치요다생명(千代田生命)의 저축형 보험을 샀었는데, 결국 원금손실로 어려움을 당했던 기억이 있습니다.

생명보험업계에서 나타나는 경영상의 문제는 총자산에서 차지하는 외국 증권의 비율이 증가하고 있다는 점입니다. 그중에서도 간포생명(かんぽ生命), 메이지야스다생명(明治安田生命), 다이이치생명(第一生命) 등 3대 보험사의 총자산 추이를 보면, 외국 증권의 비율이 늘어나고 있는 것을 알 수 있습니다.

한번 급격한 엔고를 예상해 봅시다. 지금은 일본의 '연금적립금관리운용 독립행정법인'(GPIF)이 외국 증권을 대량 구입하면서 엔고 압력을 어느 정도 완화시키고 있지만, 일본의 대외 순자산은 세계 최고이니만큼, 혹시라도 금융위

험계약의 이전 등에 자금을 원조하고, 인수보험회사의 경영관리, 보험계약의 직접 인수, 보상대상보험금의 지급에 관한 자금원조 및 보험금청구권 등의 매수 등을 통해 보험계약자보호를 도모하여 보험사업에 대한 신뢰를 유지하는 것이다.

기가 닥치면 1달러 70엔까지도 엔고 현상이 일어날 가능성이 있습니다. 그렇게 되면 외국 증권은 엔고로 인해 가치가 폭락하게 되죠.

아직까지는 그 정도까지의 엔고를 생각하고 있는 기업은 없을 것이라고 봅니다만, 특히 위험한 보험 상품은 저축형, 연금형, 외화표시 등 세 가지입니다. 이들 회사의 보험에 가입한 고객께서는 반드시 규약을 검토한 후에 한번 더 생각하고 결정하는 것이 좋겠습니다.

2018년도 외국 증권의 보유비율을 보면 일본생명(日本生命), 메이지야스다생명(明治安田生命), 다이이치생명(第一生命) 등 이렇게 3사가 높습니다. 각 기업이 보유하고 있는 외국 증권의 구체적인 내용까지는 알 수 없으나, 아마도 원금 보증이 안 되는 고위험군 금융상품을 보유하고 있는 것이 원인일 가능성이 높습니다.

예를 들어, 비교적 정보가 잘 공개되어 있는 다이이치생명(第一生命)의 경우, 2019년 12월 말 외화표시채권의 내역은 국채와 지방채가 57%로, 전체의 반 이상을 차지하고 있고 사채가 25%에 해당합니다. 사채 중에는 CLO 같이 매우 위험한 상품들이 포함되어 있습니다. 상세한 내역은 알려져 있지 않지만 리스크가 큰 상품들이지요.

여기에 더해 서브프라임 위기 때 폭발했던 고위험 금융상품인 모기지채권도 18%나 있습니다. 이들은 결코 안전하지 않습니다. 다이이치생명이 보유하고 있는 사채의 내역에서는 트리플 A 등급의 금융상품이 4할을 차지하고 있습니다만, 리먼 브라더스가 도산 직전에 이르기까지 트리플 A였다는 점을 간과해서는 안 될 것입니다.

애초에 골드만 삭스 등은 자신들이 팔고자 하는 상품에 '트리플 A'라는 등급을 부여합니다. 음식점으로 따지면 '오늘의 추천 메뉴'와 비슷하다고 할 수 있지요. 자신있는 메뉴인 듯 보이지만, 사실은 유효기간이 짧은 식재료를 적극 사용할 수 있는 음식들을 올려놓는 경우가 있는 것처럼, 트리플 A 역시 단어의 트릭이라고 생각하시면 됩니다.

그러니 신용평가회사도 증권회사도 국제금융자본가와 한패라고 할 수 있습니다. 그러한 패거리들이 부여하는 트리플 A의 의미를 잘 알지도 못하고 받아들이는 경영 기법은 본래의 운용이라고는 할 수 없겠지요.

보험업계 상위 10사의 외국 증권 보유잔고는 합계 57조 9천101억 엔까지 올라갑니다. 그러나 만일 엔고 현상에 더불어 상장 폭락으로 30%가 훼손된다면 17.3조 엔의 손실이 예상됩니다. 30%가 훼손될 것이라는 계산은 그나마 적게 견적을 낸 것입니다. 본격적인 금융위기가 엄습할 경우, 금융업계 전체로서는 수십조 엔의 손실이 나올 수도 있다는 것을 각오해야 할 것입니다.

보험은 버리는 셈 쳐야

여기서 문제는 왜 이런 위험한 투자를 하는 것인가라는 겁니다. 리먼 쇼크로 도산한 AIG나 야마토생명(大和生命) 정도는 아니지만, 보험회사들은 지속되는 제로금리정책의 영향으로 리스크 높은 외국 증권의 보유량을 늘리고 있습니다. 제로금리인 상황에서는 금리에 의한 이익이 아예 없기 때문입니다. 그러나 앞서 언급했듯이 급격한 엔고가 발생할 경우 외국 증권의 가치는 폭락합니다.

앞으로는 저축형, 연금형 보험의 이율은 점점 내려갈 것이고, 설사 금리 고정상품이라고 해도 이율 변경을 해야 할 것입니다. 그렇지 않으면 회사가 도산할 테니까요. 또 외화표시보험은 환율 리스크가 있고 원금손실 리스크가 대단히 높기 때문에 해약할 수 있는 사람은 지금 당장이라도 해약하는 게 나을 겁니다.

이제 금리로는 더 이상 돈을 벌 수 없다고 하면 리스크를 감수해서라도 이율이 괜찮은 투자를 할 수밖에 없는 구조가 된 것이지요. 그 원인은 미국 연방기금(FF)의 금리 구조에서 찾을 수 있습니다. FF의 금리는, 간단하게 말하면 미국의 정책 금리로, 지금까지 계속 내려가다가 마침내 거의 제로가 되었습니다.

기축통화인 달러가 제로금리라는 것은, 곧 금융시장의 금리가 거의 제로에 도달할 것을 의미합니다. 즉, 평범한 운용으로는 이익을 낼 수 없기 때문에 CLO 같은 의심쩍은 금융상품을 만들어 투자자들을 속여 판매하는 구조가 생겨났습니다. 이게 오늘날 전 세계의 공통된 현실입니다. 그야말로 과거 미국에서 발생했던 서브프라임론과 같은 구조라고 할 수 있겠지요.

그런데 또다시 금융위기가 찾아오려고 하고 있습니다. 코로나 이후의 금융위기는 리먼 쇼크에 비할 수 없을 정도의 규모일 가능성이 높습니다. 금리는 거의 제로에 가까운 상황에서 환율변동의 리스크와 원금손실 리스크도 동반하기 때문입니다.

원금 보증이 안 되는 금융상품을 산다는 게 어떤 건가 하면, 투자한 순간부터 손해 볼 가능성이 대단히 높다는 의미입니다. 그러니 지금 바로 해약해서 다른 상품으로 변경하는 게 낫습니다. 보험은 걸어두되 버리는 셈 쳐야 합니다.

흔히 "보험은 저축이기도 하다"라는 광고 문구를 보기도 하지만, 보험과 자산운용은 나눠서 생각해야 합니다. 저축이나 자산운용은 원금이 손실되지 않는 정기예금 등으로 해야 합니다. 도도부현(都道府県)의 공제는 투기적인 운용을 실시하고 있지 않습니다. 저축이나 자산운용은 국채로 운용하기 때문에 수익은 적을지 모르지만 비교적 안전합니다.

외국채도 환율 리스크가 높기 때문에 조심해야 합니다. 만에 하나 사고가 나면 남는 것은 자멸뿐이니까요. 현재 일본의 자산은 점점 해외로 유출되고 있지만 이대로 가다간 몇 백조 엔 단위로 손실을 볼 수도 있습니다. 이러한 금융 위험을 외면해 온, 어쩌면 방관해 왔던 정치가와 관료들은 결과론적으로 보면 변명의 여지가 없습니다. 이런 상황을 무리해서라도 긍정적으로 바라본다면, 이런 대위기 시대를 그저 방관만 할 게 아니라 이제 일본 사회의 금융구조를 바꾸기 위한 기회라고 생각해야겠지요.

리스크는 보험 가입자의 책임일 뿐

여기서 일본 최대의 금융기관인 미쓰비시UFJ파이낸셜그룹과, 전 세계를 통틀어 제일 투자를 못하는 농림중앙금고, 그리고 대기업 보험사인 메이지야스다생명을 비교해 보도록 하겠습니다(2018년도 기준).

[매상액]

미쓰비시UFJ파이낸셜그룹	6조 6974억 엔
농림중앙금고	1조 7231억 엔
메이지야스다생명	3조 7682억 엔

[미쓰비시UFJ파이낸셜그룹 매상 내역]

35% 대출금 이자

10% 유가증권 이자배당

23% 수수료 수입

농림중앙금고와 메이지야스다생명의 매상 내역은 꼭 필요한 내용만 적어 두겠습니다.

- 농림중앙금고 68%가 유가증권 이자배당
- 메이지야스다생명 73.5%가 보험료 수입

위 수치를 보면 알 수 있듯이 보험회사 수익의 중심은 보험료 수입이고 운용은 메인 업무가 아닙니다. 그럼에도 불구하고 외국기업으로부터 신용등급 트리플 A의 유가증권을 대량으로 사들여서 그냥 보유하고만 있는 겁니다. 향후 이들 유가증권은 틀림없이 금융위기로 폭락할 텐데, 그때 되어서 "금융위기니까 어쩔 수 없다" 등의 핑계를 댈 것이 뻔합니다.

앞서 말씀드린 대로 투자로 이익을 낼 수 있는 구조가 아닌 데다가 보험회사는 운용이 메인 업무가 아닙니다.

대기업이라고 해도 도산 리스크는 있습니다. 다이이치생명(第一生命)의 2019년도 말 자산을 보면, 사채, 주식, 외국 증권, 그 밖의 증권이라는 '리스크 자산'의 합계가 16조 3천 450억 엔까지 늘어났습니다. 이 중 20%가 손실이 되면 그 금액은 3조 2천690억 엔으로 불어납니다. 다이이치생명(第一生命)은 순자산 2.8조 엔의 기업이므로 채무초과가 돼 버릴 가능성이 있습니다.

저축형, 연금형의 대부분은 원금이 보증되는 상품이 아닙니다. 그럼에도 불구하고 원금을 보증한다고 대놓고 광고하는 상품의 경우에는 반드시 규약을 확인해야 합니다. 평상시에는 이율이 나와도 시장이 폭락할 경우 소비자가 리스크를 짊어지도록 설계가 되어 있는 상품일 가능성이 높으니까요.

리스크 높은 보험 2사

우선, 첫 번째 조심해야 할 부분은 무엇보다 저축형은 피해야 합니다. 리스크 높은 외국 증권의 자산 비율이 높을수록 경영 리스크도 높다고 볼 수 있습니다. 2018년, "외국 증권/순자산"의 숫자를 살펴보면, 제일 높은 곳이 애플랙(AFL, Aflac)의 5.65입니다. 그 밖에 눈에 띄는 곳은 다이이치생명(第一生命, 3.63), 일본생명(日本生命, 3.06), 다이주생명(大樹生命, 3.62), 간포생명(かんぽ生命, 2.48)입니다. 반대로, 외국 증권의 자산 비율이 낮은 회사 중 손해보험업계에서는 대기

업에 해당하는 도쿄카이조(東京海上)가 1.20으로, 외국 증권의 리스크도 잘 파악하고 경영 안정성도 높은 대표적인 기업이라고 할 수 있습니다.

두 번째 살펴봐야 할 것은 경영 이익률입니다. 이익을 내지 못하고 있는 보험회사일수록 이율이 높은 리스크 상품을 구입하는 데 유혹되는 경향이 있습니다. 야마토생명이 리스크 상품에 손을 대서 파탄한 것에 대해서는 앞서 말씀드렸는데, 농림중앙금고도 같은 구조입니다. 반대로 이익률이 높은 회사들은 안전한 운용을 하는 경향이 있습니다.

세 번째는 기업 재무구조의 건전성을 나타내는 가장 대표적인 지표인 자기자본비율입니다. 총자산 대비 자기자본의 구성비를 의미하는 자기자본비율이 높지 않다는 것은 경영 안전성 역시 높지 않다는 의미와 일맥상통하는 말입니다. 의외로 자기자본비율이 낮은 기업이 일본생명(日本生命)입니다. 반대로 자기자본비율이 높은 곳은 스미토모생명(住友生命)과 손보재팬(損保ジャパン)입니다.

이런 지표들을 토대로 경영 리스크가 높은 기업을 조사해 보면 일본생명(日本生命)과 다이주생명(大樹生命) 2사를 꼽을 수 있습니다. 금융위기로 인해 손실이 불어나면 당연히 채무가 초과할 가능성이 있겠지요.

반대로 비교적 건전한 회사를 말씀드리자면 도쿄카이조(東京海上), 스미토모생명(住友生命), 손보재팬(損保ジャパン), 이렇게 3사를 꼽을 수 있습니다. 이 3사의 보험 중 안심할 수

있는 상품으로는, 계약기간 내에 재해나 상해 등에 대한 보상만 있을 뿐 만기가 되어도 배당금이 없고 보험금도 못 찾는 보험계약 상품이지요.

보험회사는 국채를 사거나 금융자본이 시키는 대로 해외의 트리플 A 등급의 증권을 사고 있을 뿐입니다. 그럴 거라면 차라리 일본국채를 사는 편이 낫습니다. 왜냐하면 보험회사는 수수료를 취하기 때문에 국채를 사는 편이 그만큼 득이거든요. 해외의 금융상품은 환율 리스크가 있으니, 그런 점에서 보면 차라리 일본국채를 매입하는 것이 더 안심될 수도 있습니다.

독자들께서 인식했으면 하는 것은, 보험회사도 은행과 마찬가지로 제로금리정책의 부작용으로 고위험군 금융상품을 많이 보유하고 있다는 것입니다. 금융위기가 닥치면 상당한 손실이 있을 것은 틀림없습니다. 그에 따른 피해는 보험 상품을 구입한 여러분에게 돌아가겠지요.

ANA의 최악의 결산

일본을 대표하는 항공회사 ANA 홀딩스가 2020년 4월, 일사분기(1~3월) 결산에서 587억 엔의 최종 적자를 기록했다고 발표했습니다. 이는 사분기(四分期) 결산 개시를 시작한 2003년 이후 최악의 숫자입니다. 2021년 일사분기 전망은 '코로나 피해 수습 시기를 알 수 없다'고 해서 공표를 보류한 상황입니다.

특히 신형 코로나 바이러스 감염이 확대되면서 직격탄을 정통으로 맞은 곳이 항공업계잖습니까? 아시다시피 아직까지는 제일 효과적인 감염 확대 방지가 이동 억제이다 보니, 비행기를 타고 어딘가 해외로 날아간다는 것은 당치도 않은 소리이지요. 특히 해외 왕래는 국제 수준의 감염 확대까지 이어질 수 있기 때문에 국제항공편은 거의 결항되어 있는 상황이 지속되고 있습니다.

오키나와현(沖縄県)의 다마키 데니(玉城デニー, 1959~) 지사가 "골든 위크 휴가 중에 오키나와로 오는 것을 삼가해 주시길 바란다"며 호소했던 것을 보면 알 수 있듯이, 일본 국내선마저 대부분 결항되면서 항공업계의 경영 상태 악화가 이만저만이 아닙니다.

이것은 비단 ANA(All Nippon Airway, 全日本航空)만의 문제는 아닙니다. 지금도 전 세계 대부분의 항공업계가 대붕괴를 겪고 있으니까요. ANA의 2019년도 결산을 살펴보면 매상은 1조 9천700억 엔에 이르지만 순이익은 75%가 감소한 276억 엔을 기록했습니다. 이익률로 치면 겨우 1.40%로, 아슬아슬하게 흑자인 수준이었습니다.

그런데 2020년은 코로나 사태로 사상 최대의 적자가 거의 확실합니다. 이런 상황에서 ANA는 일본정책투자은행의 위기 대응 융자로 3천억 엔을 조달할 예정입니다. 그뿐만 아니라 일본정책투자은행에게 1조 엔, 민간금융기관에게도 3천억 엔 규모의 융자 범위 설정을 요청했습니다. 즉, 전체 1조 3천억 엔의 자금조달을 예정하고 있는 것입니다. ANA 정도의 우량기업조차도 1조 엔이 넘는 융자가 없으면 일어설 수 없는 상황입니다.

JAL(Japan Air Line, 日本航空)도 ANA와 큰 차이는 없습니다. JAL의 2020년 일사분기(1~3월)는 마이너스 2천억 엔에 이르는 최종 적자를 기록했습니다. 항공산업은 애초에 이익률이 낮은 업계입니다. 이익률이 낮다는 것은 고정비가 높기 때문이며 이는 곧 위기에 취약하다는 것을 의미합니다. ANA는 코로나 위기의 영향을 받기 전부터 매상 규모에 대한 이익률이 5%로 낮았던 항공사였습니다.

코로나 쇼크의 영향으로 경영이 흔들리고 있는 것은 사실 일본의 항공업계뿐만이 아니라 전 세계 대부분의 항공회사들 역시 마찬가지입니다. 벌써 도산하고 있는 항공회사들이 나타나고 있잖아요.

2020년 4월 21일, 호주의 버진항공(Virgin Atlantic)이 파탄(임의 관리에 들어감)했습니다. 코로나 위기로 파탄한 첫 번째 대기업 항공사이지요. 버진항공은 영국의 유명한 기업가 리처드 브랜슨(Richard Branson, 1950~)이 창업한 회사로, 지금 영국 정부에게 금융지원을 요청하고 있지만 승인되지 않을 경우 도산할 가능성이 높습니다. 당장 눈앞에 보이진 않

버진그룹 총수인 리처드 브랜슨 씨

아서 그렇지 이제부터 파탄할 만한 항공사들이 줄줄이 대기하고 있을지도 모릅니다.

미국의 델타항공사는 전 세계 항공회사 중에서 시가총액으로 2위에 올라서 있는 회사입니다. 대기업 신용평가회사 S&P는 2020년 3월 24일, 델타항공의 투자적격등급을 2단계 인하했고, 그 때문에 델타항공의 등급은 BB로 내려가면서 정크채 취급을 받았습니다. 시가총액 2위인 델타항공이 금융시장에서 정크기업 취급을 받게 될 줄이야 누가 상상이나 했겠습니까?

미국 연방준비제도이사회(FRB)가 델타항공의 정크채도 매입하기로 결정해서 다행히 사채 폭락 사태는 일어나지 않았지만, 델타항공 입장에서는 치욕적인 사태였습니다.

미국 보잉(BOEING)도 2020년 일사분기(1~3월) 결산에서 680억 엔의 적자를 발표했습니다. 보잉의 최고경영책임자 칼훈(David Calhoun, 1957~)은 "코로나 이전처럼 회복하기까지는 2~3년이 걸릴 것이다"라고 전망했습니다.

손정의 회장이 모델로 삼고 있는 투자가 워렌 버핏은 2020년 2월 하순, 저렴해진 델타항공의 주식을 사들이고 나서 사우스웨스트항공, 아메리칸항공, 유나이티드항공까지 항공 4사의 대주주가 되었습니다.

워렌 버핏은 "가치투자"라고 불리는 투자수법을 신조로 삼고 있습니다. 가치투자란, 간단하게 말하면 "확실한 가치가 있다고 판단한 기업의 주식이 저렴해 졌을 때 사들이면 그 주식은 반드시 오른다"고 판단해서 투자하는 수법입니다. 워렌 버핏은 델타항공이나 사우스웨스트 항공 같은 우량대기업 항공사가 비록 코로나 위기의 영향으로 일시적으로 주가가 내려갔지만 언젠가는 반드시 오를 것이라고 판단한 것입니다.

그런데, 그런 워렌 버핏조차 2020년 4월에 들어서 손실을 각오하고 4사의 주식을 매각했습니다. 코로나가 장기화될 것이라고 보고 판단을 바꾼 것이지요. 워렌 버핏은 항공주를 모두 매각한 후, "이제 전 세계 투자 환경은 변해 버렸다. 외출제한이 사람들의 행동에 끼치는 영향력을 현재로선 알 수 없다. 3~4년 후에도 작년처럼 비행기를 탈 수 있을지에 대한 전망마저 힘들다"고 발언했습니다.

항공업계는 "앞이 보이지 않는다", 아니 "앞이 있기나 한 걸까"라고 한탄할 정도의 상황입니다. 현재도 데이 트레이더들이 저렴해진 항공주를 사서 단기로 팔고는 하는데, 솔직히 항공업계주의 미래는 불을 보듯 너무도 부정적으로 볼 수밖에 없는 상황입니다.

경영 리스크가 너무 높은 항공업계

자 이제 항공업계의 규모를 살펴보겠습니다. 2018년 시점에서 전 세계 항공업계의 산업 규모는 약 90.6조 엔에 이르고, 이 중 일본은 약 3.7조 엔(2019년)으로, 대략 4%를 차지하고 있습니다. 세계 항공회사의 매상 랭킹을 보면 ANA가 5위, 그리고 JAL이 8위를 차지했습니다.

세계 항공여객수는 최근 계속해서 증가하고 있는 추세였는데, 이는 2001년 9월 미국의 동시다발 테러사건부터 2008년 9월 리먼 쇼크 사건까지의 GDP 성장과 맞물려 성장해 왔기 때문입니다. 그러니까 항공여객 수요는 세계 경제 전체 GDP의 변화에 영향을 받아 왔다고 할 수 있지요.

그런데 이제는 코로나 바이러스 위기로 인해 이동이 제한되고 비행기를 타면 안 된다는 암묵적인 룰이 생기다 보니 항공업계의 비즈니스가 더 이상 성장하기 어려운 상황에 직면한 것이지요. 이건 단순하게 볼 상황은 아닙니다. 왜냐하면 지금의 코로나 사태는 여느 때의 불황과 비슷한 상황이 아닌, 장기적으로 경기가 저조해질 것이라는 것을 누구나 예측 가능할 정도로 사태가 심각하기 때문입니다.

거듭 말씀드리지만, 항공업계는 원래부터 이익률이 낮은 사업구조입니다. 고가의 항공기를 많이 갖추어야 하고 고정 경비가 상당히 크기 때문입니다. 그렇기 때문에 매상이 떨어지면 경영이 흔들립니다. 원유 가격이 떨어지고 있다고 해도 이와는 상관없이 밑 빠진 독에 물 붓기입니다. 아무리 큰 대기업이라고 한들 말이죠.

물론 코로나 위기 이전에도 세계 굴지의 항공회사들이 도산한 케이스는 있습니다. 항공기 보유 세계 3위인 유나이티드항공은 2002년 12월 미국의 파산법인 챕터-11(Chapter 11)을 신청한 이력이 있습니다. 원인은 2001년 9월 동시다발 테러 이후 이용객이 감소했기 때문입니다.

보유 기체 수 세계 2위인 델타항공도 2005년 9월에 챕터-11을 신청한 적이 있습니다. 원유 가격의 급등과 대형 허리케인 발생으로 인해 연료비 부담이 커진 만큼 경영에도 압박을 받았기 때문입니다.

보유 기체 수 세계 1위인 아메리칸항공은 어떨까요? 2011년 11월에 챕터-11을 신청했습니다. 기기 노후화로 기체를 새로 구입해서 바꿔야 했고 인건비도 증가한 것이 원인이었지요. 유나이티드항공이나 델타항공은 예상치 못한 급변이라는 사정이 있었지만, 아메리칸항공의 경우에는 그러한 변수의 문제가 아니라 경영상 문제로 도산 가능성이 높았던 겁니다. 그만큼 경영 리스크가 큰 곳이 항공업계입니다.

사실 최근 항공업계의 성장 열쇠를 쥐고 있던 것은 중국인 관광객이었습니다. 그런데 신형 코로나 바이러스의 발생 원인이, 비록 중국 정부는 부정하고 있지만, 중국 우한에서 확산되었다는 점을 부정할 수는 없을 겁니다. 말씀드리고 싶은 것은, 코로나가 확산되고 나서 제일 피해를 많이 받은 나라는 중국이 아니라 이탈리아입니다.

2019년 3월, 이탈리아는 중국과 일대일로(一帶一路) 구상에 관한 각서를 체결했는데, 이를 계기로 양국 간을 오가는 직행편이 급증했습니다. 그게 이탈리아에서 코로나로 인한 피해가 확대된 원인이 된 것이지요. 3만 명 이상의 사망자를 냈는데, 아이러니하게도 항공산업의 성장이 신형 코로나의 피해를 더 심각하게 만든 것입니다.

코로나 위기에서는 중소기업뿐만 아니라 ANA와 같은 대기업조차도 존속 위기에 놓이게 만들었습니다. 어쨌든 일본 정부가 적자국채를 발행하고 일본은행이 직간접적으로 그 국채를 사들여서 정부의 적자를 보상하는 재정 파이낸스[10]로 구제하는 길 이외에는 선택의 여지가 없었습니다.

하지만 재정 파이낸스도 지금은 적절한 방법이 아닙니

10 재정 파이낸스란, 일본 정부가 발행한 국채를 중앙은행이 통화를 발행하여 직접 매입하기 때문에 과도한 인플레이션을 유발할 염려가 따른다. 그래서 일본 재정법 5조에서는 특별한 사유가 있을 경우 국회의 의결 범위에서 결정하는 것 외에는 일본은행이 재정 파이낸스를 하면 안 된다고 규정하고 있다. 참고로 일본은행의 국채 매입 수준은 GDP의 120%에 육박할 정도여서 일본의 신용에 영향을 줄 수 있다는 지적이 있다.

다. 사실상 일본 국민들이 원치는 않겠지만, 소비세를 크게 증세라도 하지 않는 한 재정재건은 불가능합니다. 이 고비를 넘긴 후에는 재정 파이낸스에 의존하지 않는 방법을 모색해야 합니다.

미쓰비시UFJ의 거액손실

일본을 대표하는 금융기관이자 대표적인 메가뱅크가 미쓰비시UFJ은행입니다. 미쓰비시UFJ은행의 주주회사인 미쓰비시UFJ파이낸셜그룹(MUFG)이 2019년도에 약 3천6백억 엔의 특별손실을 계상했는데, 이 손실 규모가 코로나 위기 이전에 발생한 것이어서 충격이 더 큽니다. 해외은행에 출자한 것이 원인인데, 손실 규모를 보면 인도네시아의 다나몬은행(Bank Danamon)에서 2천128억 엔, 태국의 아유타야은행(Krungsri, Bank of Ayudhya)에서 1천305억 엔, 필리핀의 시큐리티은행(Security Bank)에서 2백억 엔, 총합 약 3천6백억 엔의 특별손실이 발생한 겁니다.

어떻게 했길래 이 정도 거액의 손실이 발생했을까요? 가장 큰 요인은 주가 하락에 따라 간판값의 일괄 상각을 실시했기 때문입니다. 요컨대 예상했던 만큼의 기업가치가 없다고 판단했기 때문에 자산으로 계상한 금액을 하향 조정하게 된 것입니다.

다나몬은행의 신임대표가 된
미쓰비시UFJ은행의 이타가키 야스시板垣靖士(좌, 2019년 10월)

MUFG는 2017년 12월부터 인도네시아의 다나몬은행에 단계적으로 출자해 왔고, 이후 2019년 5월 1일까지 총액 6천 8백억 엔을 출자하면서 출자비율이 94%까지 올라간 겁니다. 이 금액은 지금까지 일본의 은행들이 해외에서 매수한 금액으로는 최대 규모입니다. 이 책을 읽으시는 동안 몇조 엔 단위의 숫자가 거듭 나오다 보니, 6천8백억 엔이라고 해도 그렇게 큰 액수처럼 생각하지 않을 수도 있겠지만, 이 금액은 사실 터무니없는 액수이지요.

MUFG 실패의 본질은 너무 비싼 값으로 많이 샀다는 것입니다. 금융업계 종사자들의 입장에서 볼 때 해도 해도 너무 높다고 느낄 정도의 안이한 판단을 한 겁니다. 무엇보다 매수 직후에 대폭락을 했는데, 이 장면이 소프트뱅크비전펀드(SVF)가 유니콘 기업에 출자했을 때와 오버랩되는 것은 저 뿐만일까요. MUFG는 매수 후 바로 간판값을 상각해야 했습니다. 주주들 입장에서 보면, MUFG가 대체 뭘 했던 걸까라고 한숨이 나오겠지만 말이죠.

그렇다면 간판값이란 무엇일까요? 간단히 설명해 보겠습니다. 가령 순자산 10억 엔의 회사를 매수하기 위해 100억 엔의 자금이 필요할 때가 있습니다. 이유는 다양합니다. 매수를 노리는 라이벌 회사가 있어서 기업들끼리 경쟁하다가 값이 올라가는 경우도 있고, 매수대상 기업의 대주주가 매수액을 납득하지 못해 어쩔 수 없이 높은 평가액을 붙여야 하는 때도 있습니다. 또는 자사와의 합병으로 시너지 효과를 기대하며 높은 값을 지불해서라도 손에 넣고 싶다고 생각할 수도 있지요. 어느 쪽이든 10억 엔의 회사를 100억 엔이나 들여서 사들인 경우, 자사의 대차대조표에 차액 90억 엔이 기록될 텐데, 이를 일본에서는 간판값(무형고정자산)이라고 계상합니다.

이 간판값을 처리하는 방법은 일본의 회계기준과 국제회계기준(IFRS)에 따라 다릅니다. 일본의 회계기준으로는 90억 엔의 간판값을 매년 상각해야 하며 그 기간은 20년 이내로 자유롭게 설정해도 됩니다. 가령 10년 안에 상각할 경우 매년 9억 엔을 상각하면 되겠지요. 그런데 매수한 회사가 9억 엔 이상의 이익을 가져다주지 않는 한, 회사의 결산에는 마이너스로 처리할 수밖에 없습니다.

국제기준의 경우는 간판값을 매년 상각할 필요는 없고

대차대조표에 올리는 것만으로 충분합니다. 하지만 예를 들어 5년 후에도 매수한 회사가 예상한 대로 이익을 내지 않고 발각될 경우에는 그 시점에서 간판값을 상각해야 하기 때문에, 결국 그 시점에서 한번에 90억 엔을 감손 처리해야 하는 문제가 남습니다. 게다가 국제기준으로는 이를 영업손익에 포함시켜야 하기 때문에 감손 처리를 실시한 해의 손익은 곧 큰 데미지를 입은 것으로 보이게 되겠지요.

MUFG는 일본의 회계기준을 적용하고 있기 때문에 다나몬은행을 매수한 후 20년에 걸쳐서 간판값을 상각할 예정이었습니다. 그런데 다나몬은행의 주가가 매수 후에 급락하다 보니 1년도 채 지나지 않아 전액을 상각하고 특별손실로 처리해야만 하는 상황이 온 겁니다. 이것은 기업의 내용이 얼마나 안 좋았는지를 보여주는 증거이기도 합니다. 당시 매수의 고문을 맡았던 곳은 JP모건과 미쓰비시UFJ모건스탠리증권인데, 거액의 중개료를 교묘하게 가로챈 게 이러한 결과를 가져온 겁니다. 미쓰비시UFJ모건스탠리증권은 미쓰비시UFJ은행의 그룹회사이니 용서받을지는 모르겠지만, 솔직히 굉장히 부끄러운 일이지요.

애초에 이 거액매수안건의 중개를 그룹회사에게 위임하는 것 자체가 안일한 생각 아니었을까요? 일반적으로 일본에서는 동업자 간에 발생하는 실패는 감추려 하고 결과에 대한 책임을 묻지 않으려는 경향이 있습니다.

또 JP모건은 FRB의 설립부터 깊이 관여해 왔고, 또 FRB

의 중심적 역할을 하는 뉴욕연방준비은행의 주주이기도 합니다. 그야말로 국제금융자본의 화신 같은 금융기관이지요.

참고로 소프트뱅크그룹의 대차대조표에도 기재되어 있는 간판값은 무려 4조 엔입니다. 여러분이 짐작하신 대로 소프트뱅크는 국제회계기준(IFRS, International Financial Reporting Standards)을 채용하고 있으므로 간판값을 상각할 필요는 없지만, 매수대상 기업의 가치가 급락하면 한 번에 거액의 손실처리 부담을 지게 될 가능성이 있습니다.

일본은행에 맡긴 78조 엔

미쓰비시UFJ파이낸셜그룹은 어떤 기업일까요? 역사를 살펴보면, 미쓰비시은행이 모체로, 도쿄은행과 합병해서 도쿄미쓰비시은행이 되었습니다. 또 다른 한편에서는 산와은행(三和銀行)과 도카이은행(東海銀行)이 합병해서 UFJ은행을 탄생시켰습니다. 이후 2006년 1월, 이 2개 은행사가 다시 합병하면서 미쓰비시도쿄UFJ은행이 탄생하기에 이르렀습니다. 그 후 최종 명칭을 미쓰비시UFJ은행으로 변경하고는 미쓰비시UFJ파이낸셜그룹이 주주회사가 된 겁니다. 총자산은 336조 엔으로 현재 일본 최대의 금융그룹입니다.

MUFG의 대차대조표(2019년도 말)는 다음과 같습니다.

자산	336조 엔	부채	319조 엔
대출금	109조 엔	예금	187조 엔
예금	78조 엔	차입	24조 엔
유가증권	65조 엔	사채	13조 엔
		순자산	16.8조 엔

은행은 여러분의 돈을 맡고 있고, 이것을 우리는 예금이라고 하지요. 그런데 자산 부분에도 예금이 있습니다. 그렇다면 은행은 어디에 예금하는 것일까요? 그건 바로 일본은행입니다. 일본은행의 대차대조표도 살펴볼까요?

자산	651조 엔	부채	651조 엔
국채	515조 엔	발행은행권	113.5조 엔
투자신탁	33조 엔	당좌예금	446조 엔
		순자산	3.3조 엔

일본은행 당좌예금의 446조 엔에는 MUFG가 예금한 78조 엔이 포함되어 있습니다. 당좌예금이란 갖고 있기만 하고 쓸 곳은 없어서 그냥 일본은행에 보관해 둔 돈입니다. 그 정도로 돈이 갈 곳을 잃고 있는 거지요.

한편 일본인의 20대 싱글세대의 45%는 저축 제로라고 합니다. 이건 새로운 산업을 육성하지 않고 저조한 경기를 그대로 방치해온 값을 청년들이 짊어지고 있는 대가입니다. 차세대를 이끌어 갈 청년들이 저축 제로인데 창업에 대한 꿈을 어떻게 꾸겠으며, 새로운 도전을 어떻게 하겠습니까? 이들에겐 벅찬 꿈일 뿐입니다.

과연 일본의 미래는 어떻게 전개될까요? 이대로 괜찮은 걸까? 강한 의문이 듭니다. 정치제도, 경제정책 면에서 뭔가 잘못 운용되고 있는 건 아닌가 뒤돌아봐야 할 것 같습니다.

전 세계에서 돈은 남아돌고 있습니다. MUFG 역시 남아도는 돈이 78조 엔이나 되는데 이 돈을 그저 일본은행에 보관하고 있을 뿐입니다. 이를 일본 전체로 확대하면 446조 엔에 이릅니다. 갈 곳을 잃고 잠들고 있는 돈이 이 정도나 되다니, 그저 놀라울 따름입니다.

미국의 월가에서는 더 강한 자극책을 요구하는 목소리가 커지고 있습니다. FRB와 월가는 완전히 마약중독자 같습니다. 이미 전 세계적으로 돈이 남아돌고 있는 데도 돈을 더 내놓으라고 요구하고 있으니 말입니다.

레이와신센구미당(令和新選組党) 대표 야마모토 다로(山本太郎, 1974~)도 그렇고, 또 현대통화이론(MMT, Modern Monetary Theory)[11]을 지지하는 학자들도 적자국채를 더 많이 발행해서 국민에게 돈을 뿌리라고 주장하고 있습니다.

11 정부의 지출이 세수를 넘어서면 급격한 물가상승을 불러오기 때문에 주류경제학에서는 화폐의 대량 발행을 비판하지만, 이러한 주류경제학의 이론을 깨고 경기부양을 위해서는 인플레이션이 되는 아슬아슬한 단계까지 정부가 화폐를 계속해서 발행해야 한다고 주장하는 이론이다.

거듭 강조하고 싶은 것은 전 세계적으로 돈이 남아돌고 있기 때문에 더 이상 국채를 발행할 필요가 없습니다. 기본소득제도(Basic Income)를 통해 분배 방식을 바꿔야 합니다. "적자국채를 더 발행해라"라고 하는 것은 FRB나 월가가 말하는 것과 같습니다.

해외 대출에 빨려 들다

MUFG의 경영 리스크는 보유자산 안에서 숨바꼭질하고 있습니다. 유가증권 가운데 '기타 증권'이라는 리스크 높은 항목이 있는데, 외국 채권을 포함한 기타 증권의 합계가 28조 엔 정도나 됩니다. 유초은행의 62.4조 엔에 비하면 소액으로 보일지 모르지만, MUFG 입장에서는 나름 상당한 보유금액이라고 할 수 있습니다. MUFG도 그 정도의 하이 리스크 투자를 하고 있다는 뜻입니다.

한편 순자산에 대한 기타 증권의 비율이 제일 높은 금융기관은 역시 농림중앙금고입니다. 유초은행도 금융위기가 발생하면 엄청난 타격을 입겠지만, 지금 말씀드린 금융기관들에 비하면 MUFG의 파탄 리스크는 낮은 편이긴 합니다. 그러나 역시 보이지 않는 문제가 있습니다. 총자산은 막대하지만 이익이 거의 나질 않기 때문입니다.

자, 이제 대출금 109조엔의 내역을 살펴보도록 하겠습니다.

국내 대출금	651조 엔	부채	651조 엔
주택론	515조 엔	발행은행권	113.5조 엔
투자신탁	33조 엔	당좌예금	446조 엔
		순자산	3.3조 엔

주목해야 할 것은 해외 대출금이 44조 엔에 이르고, 대출금 전체로 보면 이는 40%를 넘는 금액입니다. 일본 국민들이 예금한 돈임에도 불구하고 국내 산업을 육성하기 위한 융자는 하지 않고 해외에 자금을 원조하고 있다는 점은 아무래도 아쉽습니다. 게다가 해외에 대출을 했다 해서 이익을 낼 수 있는 구조가 아니라는 점은 더 그렇지요. 앞서 말씀드린 대로, 해외사업으로 3천6백억 엔에 이르는 손실을 내고 있다는 것은, 결국 해외투자가 리스크가 높은 투자였다는 것을 의미합니다.

이번 같은 투자 실패는 명확하게 현장이 보이지 않기 때문에 발생하는 실패입니다. 임원들이 으리으리한 도쿄 본사에서 떵떵거리기만 하고 있는 게 아닌가라는 의문이 들 정도입니다.

정말로 돈을 벌고 싶다면 지금 체제를 완전히 바꿔야 합니다. 본사 기능이 도쿄에 있는데 해외에서 44조 엔을 잘 굴릴 수 있다고 자신하는 건 무리한 얘기입니다. 해외에서 정말로 돈을 벌려고 했다면 본사 기능도 해외로 옮겨야 하겠지요. 그 정도의 각오 없이 돈을 벌 수 있다고 생각하는 것은 경영 전략이 아니라 착각에 불과합니다.

이런 말을 하면 "일본에는 투자할 기회가 없기 때문이다"라는 등의 핑계를 대는 사람들이 꼭 있습니다. 그럴 때마다 저는 이렇게 말합니다. "아니다. 당신들은 정치가를 움직여서 일본을 바꿀 힘이 있다. 일본을 본격적으로 바꾸든지, 그렇지 않으면 당신들도 같이 무너지든지, 대안은 둘 중 하나밖에 없다"라고요.

근로자는 곧 소비자입니다. 근로자에게 임금이 지불되지 않으면 경제는 돌지 않습니다. 해외에 투자를 할수록 국내에서는 공동화 현상이 일어날 뿐입니다. 해외에서 일시적으로 돈을 벌었다고 해도 결국에는 국내 경제가 돌지 않을 경우 모두가 쇠퇴합니다. 누가 뭐라 하든 일본 경제를 순환시키는 게 중요하지 않을까요? 해외의 잘 알지도 모르는 은행을 사고팔고 하고 있을 때가 아닙니다.

금융위기는 이제부터가 시작입니다. 전 세계적으로 돈이 남아도는데 굳이 금융완화를 따라 할 필요는 없습니다. 그래서 국내 산업을 육성해야 합니다. 특별히 미쓰비시 UFJ은행은 일본을 대표하는 메가뱅크로서 그 본래의 모습을 하루빨리 되찾았으면 하는 마음이 간절합니다.

종합상사 마루베니의 형편

종합상사 마루베니(丸紅)가 2019년도 결산에서 3천9백억 엔의 손실을 계상했습니다. 이로 인해 실적은 하향 수정되었고 순이익은 당초 예정했던 2천억 엔의 흑자에서 마이너스 1천9백억 엔의 적자로 전락했습니다. 손실의 최대 원인은 자원 가격의 하락입니다. 즉 본격적인 경제위기와 금융위기는 이제부터라는 시점에서 마루베니가 적자를 낸 것은, 실물경제가 이미 상당히 나빠지고 있다는 전조입니다.

마루베니는 일본사 교과서에도 수록되어 있는 "안세이의 대옥(安政の大獄)"[12]이 펼쳐진 해인 1858년에 이토 추베이(伊藤忠兵衛, 1842~1903)란 인물이 창업한 장수기업입니다. 이름에서 알 수 있듯이 이토 추베이는 종합상사 이토추상사의 창립자이기도 합니다. 그는 가미가타(上方)[13] 지방의 삼베를 다른 지방에 내다 팔고 타 지방의 산물을 가미가타(上方)로 가져와 파는 행상으로 기업을 일으켰지만, 훗날 이토추와 마루베니로 분할되는 과정을 거쳤습니다.

마루베니는 제2차 세계대전 중에 합병을 반복하면서 산코주식회사(三興株式会社), 다이켄산업주식회사(大建産業株式会社)로 이름을 바꾸면서 성장해 왔는데, 1949년 미점령군하에서 제정된 과도경제력집중배제법(집배법), 요컨대 "재

12 1858~1859년에 걸쳐 에도막부가 존왕양이파에 대해 잔혹하게 탄압한 사건으로, 1853년 페리가 내항한 후 막부는 쇄국을 포기하고 개국정책으로 대전환을 꾀했지만, 이에 대항한 존왕양이파의 반막부토벌운동에 대해 100여 명의 다이묘(大名)와 구게(公家)를 벌하고 요시다 쇼인(吉田松蔭) 등 8명을 사형에 처했다.

13 가미가타(上方)란 에도시대 교토(京都)와 오사카(大阪) 등이 포함된 긴키지방(近畿地方)을 말한다.

벌해체"에 입각한 기업분할에 따라 분리되면서 오늘날의 마루베니로 탄생하게 된 겁니다.

일본 종합상사는 크기에 따라 '5대 상사'가 거론됩니다. 이 5개사는 각각의 특징이 있는데, 간단하게 말하자면 다음과 같습니다.

- 미쓰비시상사(三菱商社): 창업자는 이와사키 야타로(岩崎彌太郎, 1834~1885). 미쓰비시 재벌의 중핵기업.
- 마루베니(丸紅): 곡물사업에 강함. 록히드 사건[14] 등 규제순응에 문제가 있음.
- 이토추상사(伊藤忠商社): 식료분야에 강함. 대기업 편의점 패밀리마트가 잘 나감.
- 미쓰이물산(三井物産): 자원분야에 강함. 의료분야에도 주력하고 있으며 포토폴리오를 새롭게 구성하고 있음.
- 스미토모상사(住友商社): 미디어와 부동산 분야에 강함. 돌다리를 너무 두드리다 결국 아무도 건너지 않는 기업 문화로 유명함.

14 미국의 록히드사가 마루베니(丸紅)와 손잡고 일본의 정·재계인사에게 접근하여, 젠니쿠(全日空, ANA)가 항공기의 기종결정을 미루고 록히드사 기종을 선택하도록 뇌물을 제공한 사건을 말한다. 뇌물을 받은 정치인 중 다나카 가쿠에이(田中角榮) 총리가 포함되어 있어 일본 국민들을 충격에 빠트렸던 일본 최대의 정치 스캔들이 되었다.

마루베니의 비즈니스 모델은 한마디로 박리다매(薄利多賣)입니다. 이익률이 높지 않습니다. 이게 무엇을 의미하냐면, 금융위기에 직면하면 더 큰 규모의 적자를 낼 가능성이 잠재해 있다는 것입니다. 매상에 비해 이익률이 낮기 때문에 일단 이익을 내지 못하는 상황이 되면 그 사업을 구제하기 어렵습니다. 적자가 부풀어 올라도 철퇴하지도 못할 지경에 이르러 경영에 압박을 받는 사태가 벌어질지도 모릅니다.

폭락한 석유 가격

마루베니의 결산보고자료를 보겠습니다. 제일 이익을 많이 내고 있는 부분은 에너지자원으로, 그중에서도 특히 금속분야에서 돈을 벌고 있습니다. 금속 다음으로는 식료관련 부문인데, 이거야말로 박리다매(薄利多賣)의 상징입니다. 이것이 마루베니의 경영내용을 상징하고 있다고 해도 과언이 아닐 정도입니다. 그렇다면 이제는 마루베니의 3천억 엔 손실 내역이 어떻게 발생했는지를 살펴보겠습니다.

석유가스사업개발	1450억 엔
미국곡물사업	1000억 엔
칠레의 동사업	600억 엔
해외전력/인프라사업	400억 엔

주목할 점은 역시 석유입니다. 석유 가격이 폭락하고 있기 때문입니다. 2020년 3월 말 두바이 원유 가격은 배럴당 27.3달러였는데, 최고치를 기록했던 2008년 7월의 배럴당 147달러였을 때에 비하면 80% 이상이 폭락한 겁니다. 게다가 4월에는 전 세계적으로 원유가 남아도는데, 이를 저장할 설비가 없어서 선물 가격이 마이너스로 전락하는 전대미문(前代未聞)의 일들이 벌어진 적도 있었습니다.

이 원유 가격을 둘러싼 문제는 세계적인 경제전쟁으로 발전하고 있습니다. 2020년 3월 6일에 열린 OPEC 플러스에 참가했던 러시아가 '원유 감산에 따를 수 없다'고 선언하자 회의장은 거의 패닉 상태가 되었다고 합니다. 이에 호응하듯 사우디아라비아도 석유 증산을 선언했고, 이로 인해 석유 가격은 대폭락했습니다. 제일 곤란해진 나라는 미국이었습니다. 그 이유는 미국이 셰일가스 생산의 주체이기 때문입니다.

나중에 다시 언급하겠지만, 셰일가스는 채굴 비용이 많이 들기 때문에 배럴당 30달러 이하로는 도저히 채산에 맞지 않아 이 가격대로라면 석유업계에서 대량도산이 예상됩니다. 이것이 미국의 경제위기에 박차를 가할 수 있기 때문에 미국이 러시아에 경제제재를 검토하고 있다는 보도가 나온 것이지요.

한편 러시아는 이러한 사정을 알면서도 미국과의 싸움을 피하지 않겠다는 길을 택했습니다. 러시아로서는 국제

사회의 주도권을 쥐고 싶은 겁니다. 푸틴은 이 싸움에서 이길 수 있다고 짐작한 모양입니다. 문제는 이 국제적 석유전쟁에 마루베니가 휘말려 있다는 점입니다.

셰일가스란 몇천 미터의 깊은 지하에서 열이나 고압의 물을 이용하여 무리하게 채굴해서 얻는 기름입니다. 당연히 일반적인 유전에서 채취하는 것보다 비용이 많이 듭니다. 어느 정도 석유 가격이 유지되어야만 이 방법으로 채산성을 유지할 수 있는 구조이지요.

참고로 배럴당 채산 라인은 나라에 따라 다릅니다.

사우디아라비아	7달러
셰일가스	50달러

그런데 사우디아라비아가 호화로운 국가예산을 이대로 유지하기 위해서는 배럴당 90달러가 필요한데 혹시라도 원유 가격이 하락하면 재정이 불안해지는 건 당연하겠지요. 무함마드 황태자의 주도로 국영석유회사 사우디 아람코(Saudi Aramco)가 2019년에 국내 상장을 이뤘습니다. 해외상장까지도 노렸지만 주가가 공모가격을 밑돌아 해외상장을 하기에는 시기가 안 맞았지요. 이렇게 석유를 취급하는 기업들의 경영이 굉장히 어려운 때에 대손실을 기록한 대표적인 기업이 바로 마루베니였던 것입니다.

동 가격의 하락이 예견하는 위기

다음으로 곡물 부문을 봅시다. 마루베니는 가빌론(Gavilon)이라는 미국의 3위 곡물회사를 2012년 2천860억 엔에 매수했는데, 이때 필요한 "간판값"의 감손으로 8백억 엔을 계상했습니다. 그리고는 마루베니는 간판값을 1천억 엔으로 계상했습니다.

참고로 2012년 시점에서 이미 '1천억 엔의 간판값은 너무 높다'고 비판받아 왔었는데, 이번에는 실제로 높았다는 점을 인정한 것입니다.

한편 전 세계 5대 곡물 메이저를 소개하면 다음과 같습니다. ADM, 붕게, 카길, 루이 드레퓌스, 글렌코어입니다. 마루베니는 가빌론을 매수한 후 전 세계 2~3위 규모의 거래량을 차지하고 있지만, 곡물 메이저에는 끼지 못했습니다. 이 기업들은 외부세계에 문을 굳게 닫고 있는 특권계급(establishment)들이지요. 5개사는 마루베니와 격이 다르다는 것입니다.

코로나 위기로 러시아를 비롯해 미얀마, 베트남 등 동남아시아 각국들은 곡물에 대한 수출제한을 두기 시작했습니다. 코로나 위기에 의한 이동 규제로 전 세계 물류가 줄어들면서 식료시장에서는 과잉과 부족이라는 현상이 동시병행적으로 일어나고 있습니다. 여기에 북미 날씨의 영향으로 사업계획의 재검토를 피하지 못하고 간판값을 상각하게 된 것이지요.

마루베니는 칠레의 광 동산을 보유하고 있습니다. 마루베니에게 있어 금속사업은 큰 돈벌이이긴 하지만, 경제위기로 동 가격이 하락하면서 수익이 악화되었습니다. 리먼 쇼크 이후 동 가격은 지속적으로 하락해 왔습니다. 동 가격은 경기를 반영한다고들 합니다.

아무리 아베노믹스로 일본의 주가가 올랐다고 떠들석해도 실물경제는 약할 뿐입니다. 그런데도 금융시장만은 불어나고 있으니 금융위기가 일어나는 것은 당연한 거지요. 동 가격은 그것을 예견한 것입니다. 금융위기는 장기화될 가능성이 높습니다. 이미 실물경제가 서서히 후퇴하고 있는 게 보이기 시작하거든요.

일본제철의 구조불황

일본제철은 일본경제단체연합회(경단련)의 중심에 있는, 그야말로 일본을 대표하는 기업입니다. 그 일본제철이 2019년도 결산보고서에서 적자를 발표했습니다. 여기에서도 금융위기의 발자국 소리가 들려옵니다. 사실 일본제철의 적자는 우연이 아닙니다. 일본제철을 조사해보면 의외로 많은 해프닝을 겪고 있던 것을 알 수 있습니다.

“철은 국가다”라는 말이 있듯이, 제철업은 제조업의 상징적인 존재입니다. 여기서 일본 제조업의 역사를 뒤돌아 보겠습니다.

1853년 흑선, 미국의 페리 내항, 이제 세계는 목조선에서 철조선으로

1855년 서양식 제철 시작

1894년 청일전쟁, 대량의 철 수요, 부국강병

1901년 관영 야와타(八幡) 제철소의 히가시다 제일고로(東田第一高炉) 조업 시작

1970년 신일본제철주식회사 발족

2012년 스미토모금속공업과 합병 후 신일철주금(新日鐵住金, 신니테쓰스미킨) 주식회사 발족

2019년 사명변경, 지금의 일본제철로

이렇게 탄생한 일본제철그룹은 연결재무제표상 매상이 5조 9천215억 엔(2020년 3월기)을 자랑하는 일본 굴지의 기업이지만, 2020년 초부터 주가가 급락해서 4월 말에는 800엔까지 떨어졌습니다. 시가총액으로는 7천583억 엔입니다.

그렇다면 이제 소프트뱅크그룹과 비교해 볼까요? 매상이 6조 1천850억 엔(2020년 3월기), 시가총액은 9조 6천억 엔 정도(2020년 4월 말)로 일본제철을 능가합니다. 근대국가의 중심산업인 제철업의 최고 기업과 소프트뱅크그룹은 매상으

로 따지면 우열을 가리기 힘들지만, 시가총액에서는 10배 이상의 차이가 납니다.

시가총액이란 회사의 가치입니다. 그것도 "미래에 대한 기대치"로서의 가치를 의미합니다. IT같은, 또는 IT로 보이는 기업은 실제 가치 이상으로 시가총액이 높게 나오는 경향이 있습니다. 사실 처음부터 그렇게 평가받는다는 것이 정상적인 것이 아닙니다만, 시장이 그렇게 받아들이고 있는 거지요.

제철기업은 국가의 기간산업으로서 중요한 존재이기 때문에 경영 위기에 직면해도 국가가 절대적으로 지원해 줄 것입니다. 그런대도 주식시장에서는 왜 IT 기업의 가치를 더 높게 쳐줄까요? 이런 사고야말로 버블입니다. 오히려 제철사업을 더 소중히 해야 하는데도 말이죠.

현재 전 세계 제철기업 상위 10사 중 6사가 중국 기업입니다. 이 정도면 제조업의 중심이 중국으로 옮겨지고 있다는 신호라고 봐야겠지요.

중국과 달리 제조업을 버린 나라 미국은 뉴코어사(Nucor)가 14위를 겨우 비집고 들어간 정도입니다. 참고로 1위는 룩셈부르크의 아르셀로미탈사(ArcelorMittal)이고, 일본제철은 3위로 건투하고 있습니다.

위기는 지금부터

일본제철의 2019년도 당기이익은 4천4백억 엔의 적자입니다. 그야말로 산업구조의 대변화가 일어나고 있다는 의미로 받아들여야겠지요. 대기업에서 이 정도의 적자 폭은 크진 않네, 하고 가볍게 여길 사항이 아닙니다. 제가 놀란 것은 히로시마현(広島県)의 구레제철소(呉製鉄所)를 폐쇄한 것입니다. 이곳은 전함 야마토(大和)를 건조한 기업으로 알려진 구레 해군공장(呉海軍工廠)[15]의 흐름을 이어받은 역사 깊은 제철공장입니다.

도쿄돔 30개 규모의 광대한 부지에 3천3백 명의 종업원을 거느린 공장을 폐쇄하기로 결정한 것은 확실히 화제가 될 만하지요. 원인이야 여러 가지 있겠지만 판매가격은 내려간 반면 비용은 상승한 것에 기인합니다. 그 때문에 중국이나 한국에 밀려나 아시아 일대의 철강시장에서 이익을 내지 못하는 구조가 되어 버렸습니다. 그러니까 일본제철은 본업인 제철업에서 전혀 이익을 창출하지 못하고 있는 겁니다.

리먼 쇼크 이후 엉망진창이 된 실물경제가 표면화되고 있었는데, 근본적인 문제를 방치하다 보니 사태가 전혀 나

15 구레해군공장은 히로시마현 구레시에 있던 일본의 해군공장으로, 전함 야마토를 건설한 것으로 유명했지만 1945년 종전 이후 해산되었다. 지금은 재팬마린유나이티드구레공장으로 민간선박을 건조하고 있다.

일본제철의 구레제철소

아지지 않았습니다. FRB나 일본은행은 돈을 마구 찍어 내서 금융 버블을 불러일으켰을 뿐입니다. 이로 인해 금융 버블이 폭발할 것이고 이는 리먼 쇼크를 능가하는 위기를 초래하게 될 겁니다.

앞서 언급한 대로 "철은 국가"입니다. 과거 메이지 유신(明治維新) 이후 일본은 제철보국(製鐵報國)을 외치며 제조업으로 경제를 발전시켜온 나라였습니다. 그 중심에 있는 내셔널 기업 일본제철이 이익을 내지 못하고 있다는 것은 산업구조에 근본적인 문제가 있다는 것이겠지요. 이를 바꾸지 않으면 안 됩니다.

거듭 말씀드리지만 금융위기는 이제 막 보이기 시작했습니다. 이제부터 본격적인 위기가 다가올 텐데 이런 위기를 앞두고 일본제철이 적자기업으로 전락하고 말았으니,

일본의 제조업은 앞으로 괜찮을지, 참으로 생각하는 것만으로도 두렵습니다. 이렇게 말하는 이유는 제조업에서 경영 악화가 발생하면 그것이 국가 경제에 막대한 악영향을 미치기 때문입니다.

그렇다면 일본제철의 구레제철소가 폐쇄된 것에 대해 다시 한번 정리해 볼까요? 우선 3천3백 명의 종업원이 직장을 잃습니다. 당연히 실업자가 증가하겠지요. 구레제철소로부터 일을 받아온 하청기업들도 일자리를 잃습니다. 하청기업도 다른 기업과 거래를 하고 있기 때문에 그곳에도 영향을 미칩니다. 주변 음식점 중에서도 망하는 가게가 나올 것입니다. 하나의 공장을 폐쇄하면 신용거래가 축소됩니다. 이렇게 연쇄작용을 일으키며 임계점을 넘기는 순간 파국적인 금융위기가 일어나게 됩니다.

자 이제 전 세계의 조강생산량을 보겠습니다. 생산량 자체는 늘어나고 있는데 잘 관찰해 보면 그 증가분은 거의 중국에 의한 것입니다. 중국만이 이상하리만큼 늘어나고 있고 다른 나라는 늘지 않고 있습니다. 조강생산량과 실물경제가 연동하고 있다는 점을 감안하면 중국만 경제성장하고 있다는 계산이 나옵니다.

그렇다면 이런 상황에서도 중국은 왜 이렇게 성장하는 것일까요? 그건 2008년 리먼 쇼크 이후 미국의 국제금융자본이 중국공산당과 결탁해서 대량의 자금을 금융시장에 주입했기 때문입니다. 그리고 2000년대 초기는 중국이 신홍시장으로 주목을 받고 있었던 때이구요.

리먼 쇼크로 전 세계가 고통을 받고 있는 동안 중국 경제는 아직은 본격적으로 발전하기 전 단계여서 향후 거대 시장이 될 것이라는 기대를 한 몸에 받고 있었던 때였습니다. 금융자본세계에서 "다음은 중국이다"라며 금융 버블을 팽창시켜 세계 경제를 움직여온 것입니다. 그 이익 중 일부는 중국공산당에게 넘어갔지만 나머지가 국제금융자본으로 흘러가는 건 당연한 결과입니다.

지구상의 자원은 한정되어 있는데, 지금 중국은 전 세계의 절반이나 되는 철을 생산하고 소비하고 있습니다. 당연히 철의 원재료인 철광석도 귀중한 자원이긴 합니다만 유한합니다. 그것이 중국에서 버블을 팽창시키기 위해 무리하게 소비되어 왔습니다.

금융 버블에 의한 투자는 과열되어 있고 중국 전체에 퍼졌는데, 그것들이 지금 불량채권화되고 있습니다. 유한한 철 자원을 버블을 위해 낭비하고 있는 거지요. 월가와 국제금융자본은 이렇게 될 것을 알고 있으면서도 돈 욕심을 버리지 못하고 중국을 괴물로 만들어 버렸습니다. 세계 전체 경제를 생각하지 않다 보니 자신들의 미래도 예측하지 못하는 결과를 초래한 겁니다. 일부 투기가들의 제한 없는 욕망을 충족시키기 위해 일부러 파멸을 향할 필요는 없습니다.

이대로라면 일본제철도 위기에 봉착할 텐데, 그렇게 되기 전에 근본부터 바꾸는 작업을 해야겠지요. 왜냐하면 일본제철의 적자는 어느 한 기업의 문제가 아니라 국가 전체의 문제이기 때문입니다. 하지만 일본경제단체연합회(経団連)에서 자민당과 함께 국제금융자본에 달라붙어 있는 간부들을 변혁시키는 것은 어려울 것입니다. 앞으로 일본은 청년세대에게 기대할 수밖에 없습니다. 일본제철에 적을 두고 있는 청년 사원 여러분들의 힘으로 근본개혁이 일어날 것을 기대합니다.

이온(AEON) 이익률 0.3%의 현실

일본 최대 소매점인 이온이 어쩌다 적자기업으로 전락했을까요?

먼저 이온의 역사를 살펴보도록 하겠습니다. 1758년, 오카다 소자에몬(岡田惣左衛門, ? ~1798)이 오카다야(岡田屋)라는 이름으로 가게를 설립한 때부터 이온의 역사가 시작됩니다. 그러니까 올해가 창업한 지 263년째로, 일본 굴지의 역사를 갖고 있는 노포기업입니다.

1758년은 에도막부의 9대 쇼군인 도쿠가와 이에시게(徳川家重, 1712~1761)의 시대였지요. 당시 이에시게는 적극적인 경제정책을 내세운 한편 뇌물 사건으로 실각했던 타누마 오키쓰구(田沼意次, 1719~1788)가 힘을 휘두르기 바로 전 시대이기도 합니다.

2020년 1월 10일, 이온은 23년 만에 사장 교체를 발표했습니다. 창업자 집안의 일족으로 이온을 일본 최대의 쇼핑몰로 키워온 오카다 모토야(岡田元也, 1951~) 사장이 지금까지는 대표권을 갖는 회장의 자리에 앉아 있었지만, 이렇게 이온의 왕 같은 존재였던 오카다 사장을 교체한 배경에는 그렇게 하지 않으면 안 될 만큼의 긴급사태가 진행되었기 때문입니다.

참고로 오카다 모토야 씨의 친동생은 전 민주당 대표로 민주당 정권시대에 외무장관을 역임했던 오카다 가쓰야(岡田克也, 1953~) 중의원 의원입니다. 일본을 대표하는 상류계급의 일가인 오카다 사장에게 도대체 무슨 일이 있었던 것일까요?

우선, 이온의 자회사인 카지타쿠(カジタク)에서 대규모 부정회계가 발생했습니다. 카지타쿠는 가사 택배(家事宅配)라는 일본어를 줄인 말로, 회사명 그대로 가사 택배 서비스를 하는 회사입니다.

이온그룹은 2019년 3월~11월에 63억 4천3백만 엔의 순손실을 냈습니다. 카지타쿠의 부정회계가 판명되고 그 처리를 하다 보니 하향 수정을 해야만 했습니다. 당초에는 45억 엔의 흑자를 예상했습니다만, 결과는 큰 폭의 마이너스를 기록한 겁니다. 전년 같은 기간의 영업이익이 6억 3천만 엔의 흑자를 기록했기 때문에 약 7배 정도 이익이 나올 것으로 예상했던 숫자였지요.

여기서 이온의 기본정보를 복습해 보죠. 일본 국내 슈퍼 매상의 상위 3사는 이온, 세븐앤아이HD, 이즈미입니다.

	매상	순이익	이익률
이온	8.6조 엔	268조 엔	0.31%
세븐앤아이HD	6.6조 엔	2181억 엔	3.28%
이즈미	7443억 엔	199억 엔	2.68%

표를 보시면 아시겠지만, 이즈미는 다른 2사에 비해 매상액이 사실상 10분의 1 정도에 불과해 실질적으로는 이온과 세븐앤아이HD의 2강 체제라고 할 수 있습니다. 단, 세븐앤아이HD는 일본 국내 최대 편의점 체인인 세븐일레븐의 매상이 높기 때문에, 슈퍼마켓의 카테고리로만 한정하면 이온이 압도적입니다.

이렇게 이온은 매상업계 1위임에도 불구하고 이익률은 겨우 0.31%에 불과합니다. 본업으로는 이익이 나지 않기 때문에, 지금 당장 개혁을 서두르지 않으면 10년 후에는 도산 위기에 놓일 처지입니다. 그 때문에 장기간 사장으로 군림해왔던 오카다 씨를 교체하기로 한 것이지요.

후계자로 지목된 인물은 요시다 아키오(吉田昭夫, 1960~)입니다. 요시다는 적자가 계속된 중국 사업을 2019년 2월기에 흑자로 전환하였으며, 14억 엔의 영업이익 실적을 올렸습니다. 이온몰의 사장도 겸임하고 있는 지금, 그 경험을 살려 이온의 재건에 박차를 가할 것으로 기대되는 인물이기도 합니다.

본업에서 적자

그렇다면 애초부터 이온 본업의 상태가 나빠진 이유는 무엇일까요. 저는 디지털 전략에서 뒤처진 것이 원인이라고 분석하고 있습니다. 지금 글로벌 세계는 Amazon을 필두로 EC(e-commerce)가 대세이다 보니 이온도 그 흐름에 편승하기 위해 2018년 미국의 인터넷 통신판매회사인 박스드(Boxed.com)에 출자했습니다. 2019년에는 영국 최강의 온라인 IT 물류회사인 오카도(Ocado)와 제휴를 맺기도 했지만 눈에 띄는 성과가 없는 것이 현실입니다.

요시다 신임 사장은 취임 전에 디지털 사업에 대해 '특별히 강화해 나가고 싶다. 현장 판매와 온라인 판매를 어떻게 융합할 것인가에 대해 고민하고, 사내에서 인재를 모으고 팀을 만들어 대응하겠다'고 말했습니다. 하지만 추상적인 설명으로 끝나버렸을 뿐 그 후의 진척사항이 눈에 띄지 않습니다.

일본이 한창 코로나 쇼크로 시끄러울 때에도, 약국이나 슈퍼는 연일 고객으로 붐벼서 인수 제한 등 3밀(密) 대책을 하지 않으면 안 됐을 정도였습니다. 코로나 19 방역을 위해 밀집(密集), 밀폐(密閉), 밀접(密接) 등 3개의 '밀'을 피하라는 뜻에서 일본 보건당국이 내놓은 이 말은, 고이케 유리코(小池百合子, 1952~) 도쿄도지사를 비롯해 아베 신조 전 총리가 기자회견에서 수시로 언급하면서 국민적인 관심을 끌었던 용어입니다.

사실 이온이 급속도로 성장할 수 있었던 배경에는 규제 철폐의 도움이 컸습니다. 1973년에 제정된 대규모소매점포법(대점법)은 중소 소매점을 보호, 육성할 것을 목적으로 대형 소매점포의 출점을 규제한 법률입니다. 미국은 이 법률과 관련하여 1990년 2월, 일본과 미국의 무역 격차를 축소하기 위한 목적으로 진행된 일미구조협의에서 "대규모소매점포법은 비관세장벽에 해당하며 지방자치체에 의한 상승규제를 포함해서 철폐되어야 한다"고 요구했고, 이에 대해 일본은 그 다음 해에 대형점포가 출점할 수 있도록 대점법을 개정하는 과정을 거쳤습니다. 이후 2000년에 들어와서는 법률 자체가 폐지되었던 겁니다.

다이에이(ダイエイ), 이온(AEON) 등 일본을 대표하는 대형 소매점포 입장에서는 대단히 유리한 제도로 변한 것이지요. 이러한 흐름 속에서 지방의 교외로 나가면 대부분이 다이에이와 이온이 시장을 장악하고 있어, 전철역 앞의 소규모 상점가는 급속하게 쇠퇴하였고 결국 동네 마을의 작은 영세 상가들은 점차 사라져 갈 수밖에 없었습니다.

다음으로 이온의 경영 상태에 대해 검증해 보겠습니다. 2019년 3월~5월기, 이온의 연결재무제표상 결산을 살펴보면 43억의 적자를 기록했습니다. 카지타쿠의 부정회계처리에 의한 감손분을 일괄 처리한 결과였지요.

한편 이온의 종류별 사업은 다음과 같습니다.

- GMS(종합슈퍼: 사업 '이온몰(Aeon Mall)')
- SM(슈퍼마켓: 사업 '마크스 바류(Max Value)')
- 헬스&웰니스
- 종합금융(이온은행 등)
- 디벨로퍼(부동산업)
- 서비스/전문점
- 국제업무

이온 전체의 매상을 살펴보면 GMS와 SM이 전체의 72%를 차지하고 있습니다(2019년도 제2사분기). 이에 대해 영업이익은 종합금융 사업이 346억 엔으로 제일 많으며, 다음으로 디벨로퍼 사업이 282억 엔, 헬스&웰니스 사업과 서비스/전문점 사업이 각각 169억 엔입니다. 매상의 상당 비중을 차지하고 있는 SM은 25억 엔에 불과해 이익이 적고, GMS는 마이너스 75억 엔이 적자입니다. 그러나 무엇보다 큰 문제는 가장 매상을 많이 차지하고 있는 GMS의 적자입니다. GMS야말로 사실상 이온의 본업이기 때문에 그만큼 문제도 크게 부각되고 있습니다.

사업별 이익률도 비교해 봅시다. 이익률이 제일 높은 디벨로퍼는 15.2%, 종합금융은 14.4%입니다. 이에 반해 GMS는 마이너스 0.5%, SM은 0.15%로 거의 제로라고 해도 과언이 아닙니다. 영업이익과 이익률 둘 다 종합금융, 디벨로퍼 부문이 높습니다. 이게 지금 이온의 심각한 비즈니스 모델을 보여주고 있는 것입니다.

〈 이온의 비즈니스 모델 1 〉

소매업에서 가성비를 무기로 고객을 모은다(Front-End). 다음 단계에서는 포인트 환원으로 관계성을 키운다. 그리고 "이온은행에서 주택론을 가입하면 이온 쇼핑은 최대 50% 오프" 등을 내걸어 금융사업으로 끌어들인다(Back-End). 이온은 무슨 일이 있을 때마다 포인트를 부여하는데, 이는 이온의 신용카드와 이온은행의 포인트를 연동시켜 금융업으로도 큰 이익을 낼 수 있다는 전략입니다.

이온은행의 예금액은 3.7조 엔으로 이 정도는 중견 지방은행과 비슷한 정도의 규모이긴 하지만, 문제는 이제 은행업도 돈벌이가 어려운 시대가 되었다는 점입니다.

〈 이온의 비즈니스 모델 2 〉

이온의 부동산업무는 디벨로퍼입니다. 이온몰로 상업시설을 만들어 부동산 임대업자들로부터 출점료를 받아 챙기는 비즈니스입니다. 이온몰은 많은 고객을 몰 안으로 끌어들일 수 있다는 장점이 있어서 출점자들에게 강한 매력으로 다가오지만, 넓은 부지에 대규모 몰 건물을 건설하기 위해서는 초기 코스트가 막대하게 들기 때문에 이를 회수하기 위해서는 출점료나 보증금을 높게 책정할 수밖에 없습니다. 문제는 매상이 오르지 않는 출점자들이 철퇴하는 일이 빈번하다는 것입니다.

이온 본체의 이익도 나오지 않습니다. 이온 자체가 이익을 낼 수 없는데 출점한 가게들이 이익을 낼 수는 없겠지요. 이 디벨로퍼 사업을 개선하기 위해서라도 "얼마나 본업으로 돈을 잘 벌 수 있는가"라는 근본적인 문제 해결에 힘써야 합니다.

코로나 발생 이후 집콕이나 외출제한으로 소비가 줄어들면서, 장기적으로 보면 이온 역시 힘든 상황이 계속될 것입니다. 하지만 근원으로 거슬러 올라가보면, 이온의 진출로 인해 일본 어디를 가도 상점가는 문이 닫힌 셔터마을로 변했다는 것을 부정할 수는 없을 겁니다. 그리고 이 모든 것이 이온의 비즈니스 모델 때문이기도 하지요. 이온의 미래를 어둡게 전망할 수밖에 없는 이유는, 어찌 보면 이온의 지나온 역사 과정에 대한 인과응보일지도 모릅니다.

예전에 민주당 정권시에 오카다 가쓰야(岡田克也, 1953~) 씨가 "이 상점가를 셔터마을로 만든 것은 자민당 정권이다!"

고 연설하자 "너희 가게 이온 때문이 아니던가?"라며 야유를 받은 적이 있는데, 뒤돌아보면 정말 정곡을 찌른 답변입니다.

그리고 또 하나, '이온과 낙하산'에 관해서도 살펴보자면, 2009년 민주당이 정권을 쥐었을 때 '낙하산 인사 근절'을 공약으로 내 건 적이 있습니다만, 당시 민주당 간부였던 오카다 가쓰야(岡田克也, 1953~) 씨 집안인 이온에서도 '낙하산'으로 의심되는 케이스가 드러났었지요.

전 대장성 이재국장과 금융청 총무기획부장 등을 역임한 하라구치 쓰네카즈(原口恒和, 1947~) 씨가 2007년 10월에 주식회사 이온은행 대표이사 회장으로 선임된 적이 있습니다. 금융업계를 취급했던 금융청 간부를 자신의 은행에 불러들인 것입니다. 하라구치 씨는 3년 후인 2010년 3월 이온주식회사 종합금융사업의 공동최고경영책임자, 그리고 2013년 3월에는 이온주식회사 집행임원 등을 거친 후에 2014년 3월에는 이온파이낸셜서비스주식회사 대표이사 회장 겸 사장에 취임했습니다.

이렇게까지 중용한 이유가 뭘까요? 그가 어떠한 수단과 방법을 동원했는지에 대한 직접적인 증거는 없지만, 분명 과거 관료로서의 커리어를 활용해 이온은행의 발전에 크게 공헌했기 때문임에는 틀림없습니다.

또 한 명을 소개하지요. 전 검사총장 다다키 게이이치(但木敬一, 1943~) 씨입니다. 일본의 법조계 톱 검찰총장 경험자인 그를, 이온은 2009년 5월에 이사진으로 맞이합니다. 다다키 씨는 고이즈미 정권(小泉純一郎, 재임기간 2001. 4~2006. 9) 시절이던 2006년 6월 30일에 제23대 검사총장으로 취임했던 인물로, 이후 아소 정권(麻生太郎, 재임기간 2008. 9~2009. 9)이었던 2009년 4월에는 정부의 내각관방 안심사장실현회의 멤버로도 자리매김했습니다. 그만큼 정권 내부와 대단히 가까운 인물이지요.

2008년 이온의 드럭스토어 그룹인 웰시아홀딩스가 테라시마약국(寺島薬局)을 자회사화 했을 때, 오너 일가와 웰시아 관동지역의 관계자, 그리고 이온의 드럭스토어 담당자들이 사전에 테라시마약국 주식을 구입했던 것은 아니냐 하는 의혹이 부상했던 적이 있었지요. 요컨대 '인사이더 의혹'이 드러난 겁니다. 이 사건은 어쩐 일인지 이슈화되지는 않았지만, 이런 기업의 이사진에 전 검사장이 취임한 것 자체가 꽤 구린 냄새가 납니다.

지역 커뮤니티를 파괴했다

이온의 대주주 리스트에 소프트뱅크그룹의 동반자인 미즈호은행과 CLO를 대량 보유하고 있는 농림농앙금고가 포함되어 있는 것이 아무래도 신경 쓰입니다. 자산 상황도 나쁜데 말이죠.

이온의 이사에 취임한
다다키 게이이치 전 검찰총장

2019년도 이온의 유가증권 상황을 보면, 1천263억 엔이 '기타 유가증권'으로 분류되어 있습니다. '기타 유가증권'이란 원금을 보증하지 않는 고위험 금융상품으로, 언제 폭발해도 이상하지 않을 정도이지요. 비슷한 규모의 세븐앤아이HD보다도 2.5배나 장기차입금이 많은 것도 신경 쓰입니다. 이온은 몰의 출점료로 돈을 버는 부동산업이기 때문에 차입금이 많을 수밖에 없는 구조입니다.

라이벌인 세븐앤아이HD는 프랜차이즈 오너제도로 세븐일레븐의 비율이 높아졌지만 그에 반해 경영 리스크는 꽤 높습니다. 넓은 부지에 거대한 빌딩을 세우기 때문에 차입도 많아질 것이고, 그래서 출점료를 낮게 부를 수 없는 것입니다.

동일본 대지진 후 이온은 피해지에서 '부흥지원'이라는 명목으로 몰을 많이 지었습니다만, 지역상점은 높은 보증금을 지불할 능력이 없다 보니 출점할 수 없었습니다. 그 결과 지역상점가는 도태되고 이온몰만 남은 상태가 되었죠.

하지만 몰이란 본래는 시장과 같습니다. 시장은 공공의 것이어야 합니다. 젊은이들이 자유롭게 참가할 수 있고 절차탁마(切磋琢磨)할 수 있는 공간, 그리고 이 사회를 위해 힘

폐쇄된 채로 방치되어 있는 이온 가미미네점(上峰店)

쓰는 사람들이 모이는 공간입니다. 그것이 공공성을 갖춘 시장의 역할입니다.

일본 사회 역시 마찬가지입니다. 젊은이들이 활기차게 지낼 수 없는 사회라면 미래는 없습니다. 이온 본업의 이익이 나오지 않는다는 의미는 거기에 그 지역 사람들이 없기 때문입니다. 그러니까 앞서 활기찬 사회와는 완전히 반대 상황이 벌어지고 있고, 그 결과 지역의 상점가는 망해가고 있습니다. 즉 공공을 파괴하는 결과를 낳고 있는 것입니다.

사가현(佐賀県)에 있던 이온 가미미네점(上峰店)은 실적 부진을 이유로 2019년 2월에 폐점했습니다. 앞으로 금융위기가 다가오면 전국에서 폐점이 잇달아 일어날 가능성이 높습니다. 제 고향인 에히메현(愛媛県) 이마바리시(今治市)에도 2016년 4월에 오픈한 '이온몰 이마바리 신도시' 몰이 있지만, 당시의 매상은 목표치의 반 정도밖에 올리지 못했습니다. 저도 몰을 가 봤는데 평일 저녁 몰 내에 있는 음식점에 사람이 전혀 보이지 않더군요. 아무리 접근성이 좋고 편리하더라도 지루한 몰에 사람이 모이지 않는 것은 당연합니다.

참고로 '이온몰 이마바리 신도시'는 가케학원문제(加計学院問題)[16]로 이슈가 되었던 오카야마이과대학(岡山理科大学) 수의학부 가까이에 위치해 있습니다. 아베 전 총리와 관련이 있는 가케학원이 있다고 해서 특별히 지역경제가 윤택해진 것도 아닙니다. 이게 현실입니다.

한편 쇼핑몰 경영이 어려워진 중요한 이유 중 하나로 저조한 경기도 한몫 했습니다. 서민들의 소득이 점점 낮아지다 보니 몰을 어슬렁거리는 사람은 많아도 소비하는 사람은 적을 수밖에 없습니다.

이온이 상점가를 망하게 했듯 이번에는 자본주의가 이온을 망하게 만들었지요. 그 과정에서 지역 커뮤니티가 붕괴되고 웃음꽃도 사라졌습니다. 조만간 Amazon이 본격적으로 온라인 슈퍼에 진출할지도 모르는데 그때 가서 인터넷 쇼핑으로 이온이 Amazon에 대항할 수 있을까요? 본업으로 이익을 낼 수 없을 때 우선해야 할 것은 본업을 재건

16 가케학원 그룹의 오카야마이과대학 수의학부 신설 계획을 둘러싼 문제로, 문부과학성은 1966년 이후 사회적 수요의 관점에서 지금까지 수의학부 신설을 인정하지 않았지만, 2017년 3월, 아베내각 당시 이마바리시가 국가전략특별구역으로 지정되었다는 이유 외에 가케학원 이사장이 아베 총리의 친구였다는 점에서 수의학부 신설에 따른 의혹이 제기되었다. 아울러 2019년 11월, 이 대학 수의학부 입시에 도전한 한국인 수험생 8명 전원이 면접시험에서 일률적으로 0점 처리되어 불합격되면서 한국에서도 많은 네티즌들로부터 공격을 받기도 했다.

하는 것이 급선무입니다.

라쿠텐 통신사업의 오산

라쿠텐은 이제 굳이 설명하지 않아도 모두가 알고 있을 만큼 일본의 IT업계를 대표하는 기업이지요. 인터넷 쇼핑몰 '라쿠텐시장'을 운영하고 있고, 또 일본 최대 발행부수를 자랑하는 '라쿠텐카드'에 의한 신용카드 사업을, 그리고 라쿠텐은행이나 라쿠텐트래블 등을 산하에 두고 있으면서 라쿠텐 경제권(Rakuten Ecosystem) 구축을 목표로 하고 있는 대단한 기업입니다.

이렇게나 화려한 라쿠텐이 2019년 12월 결산에서 318억 엔의 최종 적자를 기록했습니다. 이대로라면 Amazon에 완전히 도태될 지도 모릅니다. 라쿠텐이 적자를 기록한 것은 8년 만이지만 최대 요인은 라이드 셰어(Rideshare) 사업을 하고 있는 미국의 리프트사(Lyft) 주가가 폭락한 것에 기인합니다. 라이드 셰어의 대표적인 기업은 우버이지만, 이를 굳이 일본어로 번역하자면 "시로타쿠(하얀택시)"라고 할 수 있지요.

일본에서 택시영업을 하기 위해선 제2종 면허 등의 자격이 필요한데, 미국의 경우 리프트와 우버가 참가하면서 오늘 당장이라도 누구든 택시 운전사가 될 수 있게 된 겁니다. 그 리프트사를 매수한 필두 주주가 바로 라쿠텐입니다.

라이드 셰어라고 하면 어딘가 멋있는 이미지가 있습니다. 다케나카 헤이조(竹中平蔵, 1951~) 씨가 우버나 리프트사의 영업 허가를 지원하고 있지만, 일본에서는 아직 승인받지 못하고 있습니다. 일본에서 인가받지 못하는 이유는 안전 등의 문제가 아직 해결되지 않았기 때문인데, 그래서 우버는 일본에서 라이드 셰어 사업을 할 수는 없지만 우버이츠는 배달로 인식되고 있습니다.

2020년 4월, 라쿠텐은 휴대전화 사업에 신규 참가했는데, 소문에 의하면 미키타니 히로시(三木谷浩史, 1965~) 사장이 독단적으로 결정하면서 진입했다고 알려져 있습니다. 하지만 휴대전화 사업은 초기투자가 많이 들기 때문에 경영에 큰 부담으로 다가올 가능성이 높은 사업입니다. 미키타니 씨는 휴대전화 사업에 혁명을 일으키겠다며 콧김을 뿜고 있지만, 플랜의 실태가 밝혀지면서 네티즌들로부터 라쿠텐 모바일을 라쿠탄(일본어로 낙담) 모바일이라고 야유를 받고 있습니다.

사실 NTT 도코모, au(KDDI), 소프트뱅크, 이렇게 3사가 과점하고 있는 일본통신사업에 라쿠텐이 비집고 들어간다는 것은 굉장히 무모한 시도입니다. 우선 통신사업에서 제일 중요시하고 있는 데이터 대용량 플랜을 비교해 보죠. 데이터 대용량 플랜은 월액 사용료가 높기 때문에 경영상 짚고 넘어가야 하는 부분입니다.

NTT 도코모	7150엔
au(KDDI)	7650엔
소프트뱅크	7480엔
라쿠텐모바일	2980엔

초기 라쿠텐 모바일은 서비스 런칭 기념으로 선착순 300만 명에게 1년간 월액 요금을 무료로 계약할 수 있는 '선착 300만 명 무료' 캠페인을 실시했습니다. 그렇게 계약한 고객들이 막상 라쿠텐 모바일 서비스를 사용해보니, 데이터 무제한을 사용할 수 있는 지역은 고작 3대 도시권인 도쿄(東京), 교토(京都), 오사카(大阪)에만 한정되어 있어 고객들은 실망을 금치 못했다고 합니다. 더군다나 애초에 통신 요금을 그렇게나 저렴하게 설정하고는 어떤 방식으로 수익을 올리겠다는 건지에 의문을 품는 소비자들이 증가한 것도 사실이구요.

사실 라쿠텐에서 통신사업을 발족하기 직전, 모바일 사업 추진의 중심 인물이었던 도쿠나가 준지(德永順二) 부사장과 마케팅 담당 오오오카 히로토(大尾嘉宏人) 상무가 급작스럽게 퇴사한 사실이 있습니다. 이들이 구체적인 퇴사 이유를 밝히지는 않았으나, 업계 사람들은 간부들과 미키타니 사장 간의 의견 충돌이 있었기 때문이라고 어림짐작하고 있습니다. 그중에서도 특히 요금 플랜을 둘러싼 의견 충돌이 컸는데, 도쿠나가 씨가 2980엔이라는 요금 플랜에 대해

“그걸로 뭘 하라는 말이냐”며 불만을 토로했다는 보도가 있을 정도로 잘 알려진 바입니다. 결국 미키타니 사장은 통신사업 전문가로 통하는 도쿠나가 부사장의 반대를 무릅쓰고 독단적으로 가격을 정했다고 합니다.

다음으로 시가총액을 비교해 보겠습니다(2020년 7월 6일 시점).

소프트뱅크	6.6조 엔
NTT 도코모	9.4조 엔
KDDI	7.4조 엔
라쿠텐	1.4조 엔

라쿠텐은 시가총액이 무려 5배 이상이나 차이가 나는 도코모나 소프트뱅크를 상대해야 합니다. 그런 라쿠텐이 시도한 것은 가격경쟁이었습니다만, 가격경쟁은 곧 기업의 체력이 튼튼하게 버텨주어야 승산이 있는 게임입니다. 단순히 가격경쟁만으로 10배 규모의 상대를 이길 수는 없겠지요. 그렇다고 라쿠텐이 비장의 혁신적인 카드를 숨기고 있느냐 하면 그런 것 같지도 않습니다. 그러니 라쿠텐의 시도는 우책으로 봐도 무방할 것입니다.

다음으로 통신사업에서 중요한 것은 기지국의 개수입니다. 통신은 가까운 기지국을 통해서 이루어지므로 기지국이 적으면 잘 연결되지 않기 때문에 사용자들이 불편을 겪습니다. NTT 도코모와 라쿠텐의 기지국 수를 비교해 보겠습니다.

NTT 도코모 22만 9700(4G만)곳

라쿠텐 모바일 3300곳

기지국 수로는 전(前) 국영기업 NTT 도코모가 압도적으로 유리할 수밖에 없습니다. 라쿠텐은 2026년 3월까지 기지국을 2만 7397국까지 늘리겠다고는 하지만, 그렇게 해도 자릿수에서 차이가 나니, 마치 탱크로 무장한 적군에게 죽창으로 덤비는 꼴입니다.

라쿠텐의 경영 악화는 2020년에 들어와서도 멈추지 않았습니다. 현시점에서도 라쿠텐이 본업인 EC 사업으로 큰 이익을 거두지 못하고 있는 와중에, 2020년 2월 28일자 발표에 의하면 라쿠텐 단독 결산에서 56억 엔의 영업적자를 기록했습니다. 이는 상품배송비나 배송센터 등의 설비투자가 가산되었기 때문이기도 합니다.

라쿠텐은 가맹점에게 발송을 위탁하는데, 이로 인해 배송비나 도착시간 등에 종종 오차가 발생했습니다. 더욱이 본격적인 금융위기가 다가올 이 시점에 미키타니 사장은 새로운 투자를 통해서 이 약점을 보완하려고 하고 있습니다. 이미 아마존과의 경쟁에서도 뒤쳐지고 있는 가운데, 이대로 금융위기가 본격화되면 라쿠텐은 대단히 위험한 상황에 처하게 될 것입니다. 여기서 EC 사업체들의 시가총액을 비교해 보겠습니다.

아마존	199.7조 엔	세계 4위
알리바바	58.7조 엔	세계 6위
라쿠텐	1.3조 엔	

이 시가총액의 차이를 보면 라쿠텐의 처지가 한눈에 들어옵니다. 물론 지금까지 IT업계에서 혁신적인 서비스를 개발한 기업이 시장점유율을 한번에 빼앗아 온 역사가 있기는 합니다만 지금 이상으로 어떤 혁신적인 서비스가 개발될 수 있을까요?

앞서 말씀드린 대로, 기업들은 일정 수준 이상으로 성숙해지면 이후부터는 체력으로 승부를 봅니다. 아마존은 라쿠텐의 100배 규모입니다. 라쿠텐은 대부분이 일본시장에서만 사업을 벌이고 있는데, 일본시장에서조차도 아마존에 뒤쳐지고 있다는 점을 먼저 살펴봐야 하겠지요.

소프트뱅크에게 흡수당할 것인가

애초에 라쿠텐의 본업 EC 사업에는 어떠한 문제가 있었던 것일까요? 라쿠텐과 아마존의 비즈니스 모델을 다음과 같이 비교해 보면 쉽게 알 수 있는 것이, 아마존의 비즈니스 방식이 압도적으로 효율적이라는 평가가 지배적입니다. 지금대로라면 라쿠텐은 아마존에 도태될 수밖에 없습니다.

아마존

- 직매식 리스크 테이크
- 전 세계 70대 항공기 운행
- 물류의 철저한 효율화

라쿠텐

- 출점료식 노 리스크
- 점포에 물류 위탁(비효율)

라쿠텐은 본업인 EC 사업에서조차 아마존에 밀려나 있기 때문에 지금이라도 통신사업을 접지 않으면 두 마리 토끼를 잡겠다고 나서다가 둘 다 놓칠 수도 있습니다. 라쿠텐은 지금까지 라쿠텐카드, 라쿠텐은행 등의 금융업을 통해 큰 이익을 창출해 왔는데, 그 원천은 당연히 EC 사업에 있습니다. 라쿠텐카드와 라쿠텐은행은 모두 EC 포인트 적립 서비스를 통해서 많은 고객을 유치해 왔습니다. 앞서 봤듯이 이온이 실점포에서 물건을 구매한 고객에게 이온 포인트를 부여해서 이온은행으로 유도한 것과 같이 말이죠. 즉, EC가 무너지면 금융업도 무너지는 구조입니다.

문제는 라쿠텐을 둘러싼 환경이 나빠지기만 한다는 점입니다. 공정거래위원회가 16년 만에 라쿠텐에 대해 독점금지법에 의거한 긴급정지명령을 도쿄지방재판소에 신청했거든요. 그 배경을 살펴보면 2020년 3월 18일부터 라쿠텐 시장에서 3천980엔 이상 구매 시 무료배송 방침으로 변경한 것에 대해 라쿠텐이 일방적으로 점포에 통보했기 때문입니다. 이에 대해 라쿠텐시장 출점자 임의단체인 '라쿠텐유니온'이 반대서명운동을 전개하고 공정거래위원회에게 제출한 것입니다. 결국 라쿠텐은 무료배송 일률도입정책을 보류해야만 했습니다.

한때 손정의 회장이 라쿠텐 매수에 흥미를 갖고 있다는 보도가 돌았던 적이 있었죠. 아무리 손 회장이라도 시가총액 1조 엔이 넘는 라쿠텐을 매수하기 위해서는 상당한 자금이 필요할 뿐만 아니라 적어도 지금의 소프트뱅크에게는 그런 여유가 없을 겁니다. 일본 IT 기업가들의 거장 소프트뱅크의 손정의 회장, 라쿠텐의 미키타니 사장마저도 위기에 봉착하게 된다면, 일본 IT 기업들이 얼마나 괴멸 상태에 빠질지 짐작하기도 어렵습니다.

이런 상황이기 때문에 더더욱 국가와 국민을 위해 힘써줄, 이제는 미국의 IT 기업 GAFA(Google, Apple, Facebook, Amazon)조차도 깜짝 놀라게 할 만한 창의성을 갖춘 일본의 청년 IT 기업가들이 탄생할 시점이라고 기대하며, 그들의 도전과 노력에 응원을 보내고 싶습니다.

제3장

세계 금융의 파수꾼: FRB와 일본은행

일본은행은 국영기업이 아니다

여러분들은 일상생활에서 재화와 서비스를 제공받는 대가로 그에 상응하는 지폐와 동전을 지불하고 있고, 이는 너무도 당연한 인과관계이지요. 그러나 또 다른 한편에서 생각해 보면, '어떻게 한낱 종잇조각으로 장난감이나 과자를 교환할 수 있을까'라는 생각을 할 수도 있지 않을까요? 그깟 종잇조각에는 그저 1만 엔, 5천 엔, 1천 엔이라는 글자가 새겨져 있을 뿐인데 말이죠. 이렇게 알쏭달쏭한 돈의 구조에 대해 한번 알아보도록 합시다.

우선, '은행 중의 은행'이라고 불리며 일본에서 유일하게 지폐(은행권, 일본은행권)를 발행할 수 있는 일본은행에 대해 서술해 보도록 하겠습니다. 잘 알려지지 않은 사실이지만, 실은 일본은행은 증권번호 8301로 도쿄증권거래소 JASDAQ에 상장되어 있습니다.

일본은행에는 정부가 55%, 민간기업이 45%를 출자하고 있는데, 민간출자자는 비공개이기 때문에 누가 얼마나 일본은행주를 보유하고 있는지는 알 수 없습니다. 아마도 일본의 재벌일 가능성이 높겠지요.

사실 일본은행의 이익은 고스란히 국고로 반환되기 때문에 주주에게 직접 배당을 하는 것은 아닙니다. 그런 일본은행주식을 갖고 있는 것이 일본의 재벌이나 최상류층의 일부인지, 아니면 미국이나 유럽의 국제금융자본가인지 우리가 알 수 있는 방법은 없습니다.

이렇듯 일본은행에 얽힌 돈의 흐름은 자세하게 공개하고 있지 않기 때문에 일본 국민들에게도 상당히 비밀스러운 곳이지요. 그러니 일본은행의 주주들이 일부 금융가의 경제적 이득을 늘리기 위한 의사결정을 집행하고 있다는 우려가 제기되는 것도 당연합니다. 왜냐하면 일본은행은 일본 정부로부터 독립한 법인으로, 국영기업이 아니기 때문입니다.

일본은행은 공적자본과 민간자본으로 존립을 유지해 오면서 발권을 하고 금리의 기준을 정하는 등, 일본금융시스템의 중핵을 담당하는 특별한 은행입니다. 그런 일본은행이 2020년 7월, 113조 엔의 일본은행권을 발행하고 515조 엔의 국채를 매입했습니다. 일본은행법에 의거하여 일본은행 주주들은 의결권이 없지만, 누누이 말씀드린 대로 일본은행은 국영기업이 아니기 때문에 일본은행이 주주의 이익을 최대화할 가능성을 부정할 수는 없다는 것입니다.

일본은행의 대차대조표(2020년 7월 10일 시점)

자산	651조 엔	부채	651조 엔
국채	515조 엔	발행은행권	113.5조 엔
투자신탁	33조 엔	당좌예금	446조 엔
		순자산	3.3조 엔

일본은행의 역사를 거슬러 올라가면 1882년, 대장성 장관(현 재무성장관) 마쓰카타 마사요시(松方正義, 1835~1924)에 의해 설립되었습니다. 당초 일본은행은 메이지 시대(明治時代, 1868~1912)의 근대화를 위한 식산흥업의 중핵을 담당했던 곳으로, 일본은행 홈페이지에 따르면 일본은행의 설립 경위에 대해 이렇게 설명하고 있습니다.

"메이지유신 이후 일본은 적극적인 식산흥업정책을 전개해왔지만, 아직 재정적 기반을 충분히 다지지 못한 정부는 공적자금 조달을 불환지폐(不換紙幣) 발행에 의존해야 했습니다. 이러한 상황 속에서 1877년 2월 세이난 전쟁(西南戰爭)[17]이 발발하고, 대량의 불환정부지폐와 불환국립은행지

17 정한론(征韓論)을 주장해 온 사쓰마번(薩摩幡, 지금의 가고시마현)의 사족(士族) 사이고 다카모리(西鄉隆盛, 1828~1877)가 1873년 조선사절단 파견을 둘러싸고

폐가 발행되어 심각한 인플레이션이 발생했습니다.

1881년, 대장성 장관으로 취임한 마쓰카타 마사요시가 시중의 불환지폐를 정리하기 위해 정화태환은행권을 발행하는 중앙은행을 창립하고, 통화가치의 안정과 더불어 중앙은행을 중핵으로 하는 은행제도를 정비하여 근대적 신용 제도를 확립해야 한다고 제의했습니다. 이렇게 해서 1882년 6월, 일본은행조례가 제정되고, 같은 해 10월 10일 일본은행이 문을 열었습니다."

로스차일드 손자의 제자, 시부사와

일본은행의 역사를 거슬러 올라가면, 세계 최초의 국제적 금융 은행을 설립하여 유럽의 정치와 경제에 지대한 영향력을 끼친 유대계 금융재벌 가문인 로스차일드(Rothschild) 가(家)가 얽혀져 있는 것을 알 수 있습니다. 앞서 1878년에 유럽으로 건너간 마쓰카타 마사요시에게 프랑스 재무장관 레옹 세이(Léon Say)가 중앙은행 설립에 필요한 지식과 노하우를 알려 주었습니다. 레옹 세이는 로스차일드

이와쿠라 도모미(岩倉具視, 1825~1883) 등에게 밀려 정계에서 물러난 뒤, 1877년 사쓰마번의 사무라이들과 함께 반정부 내란을 일으켰으나 정부군에 의해 진압되고 사이고 등 지도자는 대부분 자결하였다. 메이지 시대 사무라이 반란 중 최대 규모였던 세이난 전쟁은 일본 역사상 마지막 내전으로 기록되었다.

일가의 북부철도회사와 사라고사(Zaragoza) 철도회사에서 임원을 맡으며 철도산업의 변호인으로서 입지를 다지고, 프랑스 재무장관에 수차례나 취임하며 금융 부르주아의 대변인으로서 유럽사회에 큰 영향력을 구축한 인물입니다.

알퐁스 드 로스차일드 남작

마쓰카타 마사요시와 더불어 일본은행의 역사에서 알아둬야 할 또 다른 인물이 있는데, 바로 2024년부터 발행할 예정인 1만 엔 신권 지폐 속 얼굴의 주인공, 시부사와 에이이치(渋沢 栄一, 1840~1931)입니다.

시부사와는 1867년, 쇼군(将軍)의 대리인으로서 프랑스로 건너가 파리만국박람회에서 프롤리 하롤드(Frolli Harold) 은행의 경영자이자 로스차일드 가문의 총수 알퐁스 드 로스차일드(Le baron Alphonse de Rothschild) 남작으로부터 은행업과 근대금융업을 배웠습니다. 그로부터 6년이 지난 1873년, 시부사와는 대장성(옛 중앙관청)을 퇴관한 후, 미쓰이(三井) 출신들을 필두로 일본 최초의 은행 및 주식회사인 제일국립은행(현 미즈호은행)을 설립했습니다. 시부사와가 대표로 취임한 제일국립은행은 1882년 일본은행이 설립되는 그날까지 지폐를 발행하는 역할을 해 왔으며, 그로부터 1896년, 제일국립은행은 제일은행주식회사로 바뀌며 일본 최초의 주식회사가 되었습니다.

시부사와는 이때부터 제일은행을 거점으로 삿포로맥주, 제국호텔, 일본유센(해운업체), 도쿄해상일동화재보험, 토요보(방적회사), 이화학연구소, 도쿄증권거래소 등 다종다양한 회사를 설립하며 로스차일드에게 배운 주식회사제도를 일본에 적극적으로 도입했지요.

당시 메이지 정부는 에도시대까지 쇄국정책을 고수하다가 근대화에 뒤쳐졌기 때문에 상당한 위기의식을 갖고 있었고, 그래서 식산흥업과 부국강병을 추진하며 근대화 정책에 애를 쓰고 있었기 때문에 은행의 역할이 상당히 중요했던 시기였습니다. 이러한 상황 속에서 통화를 발행하는 국립은행과, 그 후 회사 설립 및 경영에 관여한 제일국립은행을 거점으로 실업계에 몸을 둔 시부사와는 일본자본주의의 아버지로서 메이지 시대의 근대화에 크게 기여하였습니다.

한편, 이렇게 기업들이 생겨나기까지는 또 다른 이면이 있습니다. 서구 열강들이 아시아를 호시탐탐 노리고 있던 가운데, 메이지 정부는 한국이나 중국, 러시아 등과의 군사충돌까지도 외교 수단의 하나로 간주하였습니다. 메이지 정부는 전쟁사업을 일으키면서까지 근대화를 추진하려고 했고, 이때 중앙은행에 출자한 일부 정치가와 자본가들이 군수 산업이 발전함에 따라 막대한 자산을 쌓았습니다.

한편 일본은행은 표면상 정부로부터 독립한 법인이기

는 하지만, 경제단체연합회의 중추 기업들은 사실 시부사와와 미쓰비시(三菱)의 재벌 이와사키 야타로(岩崎彌太郞, 1834~1885)를 앞세워 미국식 로스차일드들이 설립한 것이라고도 볼 수 있습니다. 이때부터 일본의 정치와 경제는 사실상 서구 열강의 금융자본가들에게 좌지우지되었으며, 그 구도가 지금까지도 이어지고 있는 것입니다.

국제금융자본들이 만든 미 연방준비제도이사회

일본은행의 설립도 불투명하지만 미국의 연방준비제도이사회(Federal Reserve Board, 이하 연준)의 설립 역시 두꺼운 베일에 둘러싸여 있기는 마찬가지입니다. 연준은 기축통화 달러를 발행하며 세계 경제의 중핵을 담당하는 미국의 중앙은행입니다.

연준은 12개의 연방준비은행이라는 지역민간회원은행이 출자하는 공동체와 같은 조직인데, 일본은행과 마찬가지로 주주는 공개된 바가 없습니다. 하지만 적어도 12개의 연방준비은행 중 제일 큰 규모를 자랑하는 뉴욕연방준비은행의 주주가 JP모건이라는 사실을 아시나요? 그 외 로스차일드와 록펠러 등도 있구요. 결국 국제경제를 지탱하는 연준은 100% 민간은행이기 때문에 JP모건, 로스차일드, 록펠러 등의 심기를 신경 쓰지 않을 수 없다는 겁니다.

그중에서도 특히 JP모건은 연준 설립 시부터 깊은 관계를 맺어 온 금융기관이지요. 그래서 우리는 연준의 설립 경위를 살펴볼 필요가 있습니다.

때는 1910년 11월 22일, JP모건이 소유하고 있던 지킬섬(Jekyll Island, 조지아주)에서 아래의 참가 멤버들이 모인 비밀회의가 개최되었습니다. 이 비밀회의에서 연준 설립에 관한 이야기가 오간 후, 전 세계 금융사를 바꿀 역사적인 연준이 설립되었다는 기록이 남아 있습니다.

참가 멤버는 아래와 같습니다.

- 넬슨 올드리치(Nelson Aldrich) 공화당 상원의원 통화위원회 위원장
- 앤드류 아브라함(A. Piatt Andrew) 연방재무차관 통화위원회 특별보좌관
- 프랭크 밴더리프(Frank Vanderlip) 록펠러재단 대표
- 헨리 데이비슨(Henry P. Davison) JP모건재벌 대표
- 폴 와버그(Paul Warburg) 로스차일드 대표

물론 연준은 미국 의회의 승인을 거쳐 설립되었지만 1913년 12월 23일, 상원의원이 크리스마스 휴가로 부재인 틈을 타 의결을 제안하였고, 굉장히 불투명한 경위 속에서 설립되었습니다. 그런 연준이 전 세계 금융시스템의 중심에 있는 거지요. 즉, 미국 중앙은행은 로스차일드, 록펠러,

FRB 총자산 추이

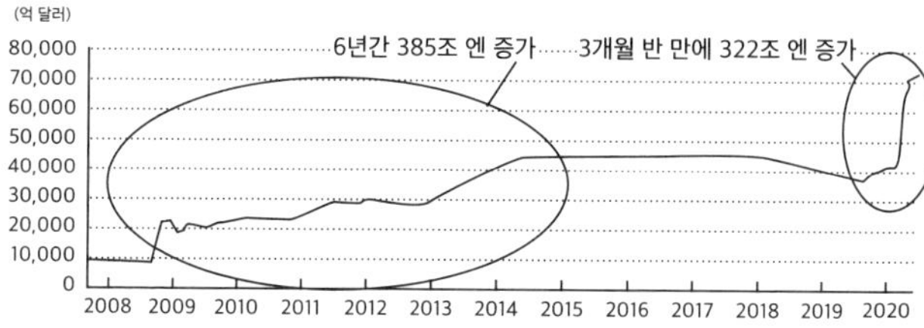

FRB가 보유하고 있는 부동산담보증권 추이

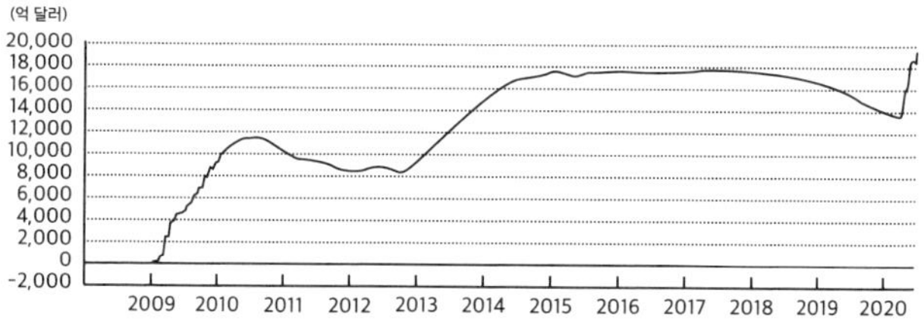

JP모건 등 지금까지도 권세를 떨치고 있는 국제금융자본가들이 설립한 민간은행이기 때문에, 결국 금융자본가의 욕심을 만족시키기 위한 움직임에 연준이 휘말리지 않을 수가 없습니다.

최근 신형 코로나 바이러스의 감염 확대로 금융위기가 일어나자 연준은 '무제한 양적완화'를 선언했습니다. 지금 연준은 전 세계에 달러를 마구 뿌리며 기울어지는 금융시스템을 무리하게 일으키려고 애쓰고 있을 뿐이지요.

그 결과 상기의 표에서 볼 수 있듯이 연준의 순자산뿐

만 아니라 부동산담보증권의 보유액도 급증했습니다. 마치 '총알은 얼마든지 있다'고 아우성을 치는 듯한 연준의 전례 없는 금융완화는 도대체 누구를 위한, 누구의, 누구에 의한 조치인지 생각해 볼 필요가 있을 겁니다.

지폐를 발명한 남자

자, 제3장의 첫머리에서 여쭤봤던 '돈이란 무엇일까'라는 질문으로 되돌아가 봅시다. 2019년 4월 시점의 일본이란 '나라'의 대차대조표를 확인해보면, 일본은행권은 109조 엔인데 일본 전체의 예적금은 그 10배 이상인 1천358조 엔이라고 기재되어 있습니다.

돈은 그저 여러분의 통장이나 회사 장부, 컴퓨터 모니터 상에 기입되어 있는 은행 예금의 숫자에 지나지 않다는 걸 아시겠지요? 현찰이 움직이지 않는데도 돈이 움직이는 겁니다. 그리고 이러한 움직임은 여러분들의 생활에 지장을 주는 것도 아닙니다.

자, 지금부터 화폐의 역사를 공부해 보도록 하지요.

지폐의 기원은 17세기 런던의 골드스미스(금세공업자)가 발행한 약속어음의 역사로 거슬러 올라갑니다. 골드스미스는 금을 용해해서 정해진 순도로 금화나 귀금속을 만드는 금세공업자들을 가리키는 말입니다.

유럽의 주요 화폐가 금과 은이었던 시절, 상인들은 물건을 사고팔 때도 금을 주고받았습니다. 그런데 거래를 할 때마다 금을 갖고 다녀야 하는 것이 여간 불편한 게 아닙니다. 금은 들고 다니기에도 무겁고 도둑 맞을 염려도 있으니까요. 그래서 사람들은 골드스미스를 찾아갑니다. 골드스미스는 직업상 항상 금을 보관할 수 있는 금고를 갖고 있기 때문에 상인들은 골드스미스에게 이자를 주며 금을 맡겨 두고, 그 증거로 보관할 수 있는 약속어음을 받습니다. 이 약속어음을 골드스미스에게 가져가면 언제든지 맡긴 금을 받을 수 있는 거지요. 더 이상 금을 무겁게 갖고 다니지 않아도 되고, 또 도둑 맞을 염려도 없다 보니, 이제 상인들 사이에서는 금 대신 약속어음이 쉽게 유통되었습니다.

그런데 웬일인지 시간이 지나도 약속어음을 들고 금을 찾겠다고 골드스미스에게 찾아오는 사람들이 줄어드는 겁니다. 당연한 결과이죠. 약속어음만 오가면 되니까요. 그러자 골드스미스는 꾀를 내기 시작합니다. '우리 골드스미스들이 맡고 있는 귀금속 양보다 더 많은 보관증을 발행해도 사람들이 눈치채지 못 할 거야. 그러면 우리는 더 많은 이자를 받을 수 있겠지!'라고 말이죠. 그렇게 골드스미스는 귀금속의 양과 상관없이 대량으로 약속어음을 찍어냈고, 실제로는 존재하지도 않는 금으로 이자를 취하며 호화롭게 살았습니다.

갑자기 기세등등해진 골드스미스를 보자 상인들은 '혹시 우리 금을 마음대로 사용하는 것은 아닐까?'라며 불안해 하기 시작했습니다. 그런 의심이 걷잡을 수 없이 커지자 상인들은 너 나 할 것 없이 금을 되찾기 위해 보관증을 들고 골드스미스에게 앞다투어 몰려와서는 금을 보여 달라며 한바탕 소동이 일어났습니다. 상인들의 행렬은 끊길 기미가 보이지 않는데 골드스미스의 금고는 어느새 텅텅 비어 버렸거든요. 당연한 결과이지요.

결국 골드스미스의 잔꾀는 발각되고 사형에 처해졌습니다. 만약 골드스미스가 검소한 생활을 유지해서 상인들의 의심을 사지 않았더라면 이 비즈니스 모델은 계속되었을 가능성도 있겠지요. 비록 골드스미스의 계획은 수포로 돌아갔지만, 그렇게 탄생한 신용창조제도를 지금의 은행들이 계승하고 있는 것입니다.

이런 신용창조를 두고 '만년필 머니(fountain pen money)'라고 말하기도 합니다. 은행이 대출자의 계좌에 100만 엔을 입금할 때, 실제로 금고에서 현금 100만 엔을 꺼내서 건네는 것은 아닙니다. 그저 은행원이 대출자의 예금계좌에 '100만 엔'이라는 기록을 남길 뿐이죠. 그리고 언젠가 약속한 날에 대출자가 100만 엔을 갚으면 그 숫자가 사라질 뿐입니다. 이를 만년필 머니라고 하는 거지요.

실제로는 현금이 움직이는 게 아닌데, 장부에 기록되는 것만으로 돈이 오가다니, 신용창조는 마치 은행이 부리는 연금술 같지 않습니까? 1930년대, 신용창조가 더욱 활발하게 이루어지면서 세계 각국은 금본위제에서 관리통화제로 이행하고, 1973년 변동환율상장제를 거쳐 현재에 이르렀습니다. 이제는 좋고 나쁘고를 떠나서, 은행에 현금이 없어도 그저 은행원이 만년필로 숫자를 적는 것만으로 얼마든지 돈을 찍어낼 수 있게 되었습니다.

과거 골드스미스가 약속어음을 마구 찍어 내고 사치를 부리다 이를 미심쩍게 여긴 상인들이 금을 되찾으려 몰려들면서 결국 사형당하는 신세가 된 것처럼, 만일 오늘날 은행이 예금주들로부터 신용을 잃게 되어 은행에 보관한 현금을 되찾으려 앞다투어 몰려온다면, 결국 은행도 골드스미스처럼 도산하고 말 겁니다. 이 사실을 염두에 두고 이야기를 진행하겠습니다.

이익 제로의 시대

골드스미스가 그랬던 것처럼 은행은 만년필 하나로 돈을 찍어 내고 대출을 통해 금리로 돈을 버는 구조입니다. 이를 거꾸로 얘기하자면 누군가에게 돈을 빌려주지 못하면, 아니 누군가가 돈을 빌려가지 않으면 은행은 돈을 벌 수 없습니다. 은행은 값싼 금리로 돈을 보관하고 값비싼 금리로 돈을 빌려주어 그 차익금으로 돈을 버는 간단한 원리가 작동하는 곳입니다. 그런데 지금은 제로금리, 마이너스 금리 시대로 접어들다 보니 대출해 가는 사람도 기업도 줄고 있습니다. 대출자를 잃어가던 은행은 생존을 위해 고위험군 금융상품으로 눈을 돌려 또 다른 차익금을 취하게 되었습니다.

지금 금융 세계에서 제일 리스크가 높은 금융상품은 대출채권담보부증권(Collateralized loan obligation, 이하 CLO)입니다. CLO를 간략하게 설명하자면 금융기관이 사업회사에 대해 대출한 대부채권을 증권화한 것입니다만, 대부분 신용이 낮은 기업들이 담보를 제공하고 대출을 받는 고위험 고금리 상품입니다. 그리고 CLO의 대다수는 '융자 조건이 거의 없는 대출'을 뜻하는 약식대출채권(Covenant Lite Loan)[18]이 차지하고 있습니다. 리먼 쇼크의 발생원이 된 서브프라임을 떠올리면 쉽게 이해할 수 있을 것입니다.

서브프라임론은 원래대로라면 은행이 융자하면 안 되는 수준의 사람들에게 대출해 준 주택론입니다. 서브프라임론과 달리 약식대출채권은 개인이 아닌 기업을 대상으로 한, 융자 조건이 거의 없는 대출이라고 보면 됩니다. CLO의 전제가 되는 것은 레버리지론(Leveraged loan)과 하이일드채(High yield bond)입니다. 이 두 가지에 대해 설명해 보겠습

18 기업이 문제가 발생해도 기업에게 유리하게 약관을 받을 수 있을 정도로 헐거운 대출을 의미한다. 그렇기 때문에 채권자 보호가 약한 대출로 위험 수준이 높다.

니다.

우선 레버리지론이란, 레버리지 바이아웃(Leveraged Buyout)이라는 인수금융을 통한 인수합병 매수수법을 사용한 론을 뜻하며 신용이 낮은 기업을 대상으로 합니다. 하이일드채는 금리가 높은 채권을 뜻하는데, 금리가 높다는 것은 곧 리스크도 높다는 것을 의미하고 그래서 리스크가 너무 높은 채권은 사실상 정크채(Junk bond)로 간주합니다.

CLO는 레버리지론이자 하이일드채이기 때문에 매우 위험한 정크채입니다. 이런 CLO가 지금 전 세계의 금융위기 한복판에서 움직이고 있는 것입니다.

여러분, 전 세계에서 제일 위험한 금융상품을 가장 많이 보유하고 있는 나라가 어디인지 아십니까? 바로 일본의 금융기관입니다. 그중에서도 앞서 몇 번씩 언급했던 농림중앙금고의 보유량은 현저하게 눈에 띌 정도이고, 은행 외에 지방은행이나 생명보험회사도 고위험군 금융상품을 보유하고 있습니다. 일본의 금융업계에 침투한 금융상품이 얼마나 위험한지 이제 짐작이 가시겠지요?

알파벳 세 글자 금융상품

2008년 리먼 쇼크를 일으킨 원인에 대해 다시 한번 뒤돌아보겠습니다. 그 진원지는 앞서 말씀드린 대로 서브프라임론의 파탄이었습니다. 서브프라임론은 서브(~보다 아래)와 프라임(신용), 즉 신용이 충분하지 않은 사람을 위한 대출을 의미합니다. 신용이 충분하지 않다는 것은 요컨대 변제 능력이 없는 사람들을 말합니다. 예를 들어, 연수입 300만 엔인 사람에게 800만 엔의 주택론을 빌려주었다고 가정해 봅시다. 이 분이 순조롭게 변제할 거라고 기대할 수 있겠습니까? 서브프라임론은 금융기관이 변제 받지 못한 채 회수 가능성이 낮은 론이기 때문에 위험성이 도사리고 있지요.

통상적으로 은행은 연수입이나 담보에 따라 융자여부와 대출금액을 정합니다. 그런데 서브프라임론은 그러한 변제 능력을 충분히 고려하지 않습니다. 서브프라임론을 대출한 고객은 변제할 능력이 안 되지만, 은행은 당시 부동산 가격이 상승했던 흐름이 이어질 것이라고 생각해서 회수가 불가능할 것이라고는 생각하지 않았던 거지요. 그러나 사실상 회수 불능의 채권이 금융기관에 전매되었고, 심지어는 몇몇의 채권과 함께 A, B, C 등의 등급이 붙은 부채담보증권(Collateralized Debt Obligation, CDO)이라는 형태의 금융상품으로 둔갑한 겁니다. 그리고는 우량 등급이 붙은

주가와 주택 가격, 공업생산의 괴리

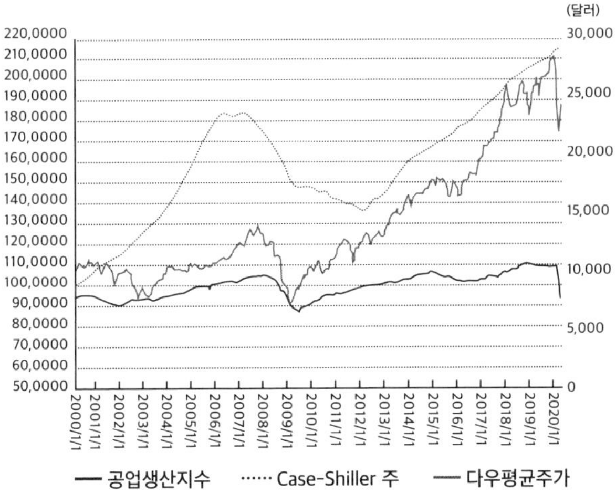

금융상품들 사이에 숨어들어 시중에 판매되었습니다. 이 금융상품이 폭발할 것이라는 점은 기정사실이고 그저 시기가 언제이냐 하는 정도의 문제일 뿐이었지요.

이렇게 전 세계 각지에서 회수 불능한 채권을 보유한 사람들의 자산이 연기처럼 한번에 사라져 버린 사건이 바로 리먼 쇼크입니다. 리먼 쇼크 이후에는 주택 가격과 주가가 일시적으로 급락했고 그 후 다시 올랐습니다.

은행이 융자금을 증권화하고 투자신탁에 섞어서 고위험군 상품에 트리플 A 등급을 붙인 후 전 세계 여기저기에 뿌리는 바람에 그 피해는 방대할 정도로 확대해 나갔습니다.

이것이 고위험군 금융상품의 실태입니다. 트리플 A라는 신용등급은 안전성을 담보할 수 있다는 의미가 아니라, 그저 금융자본가들이 얼른 팔아 치우고 싶은 상품임을 나타내는 표시일 뿐입니다. CDO든 CLO든, 영문 모를 알파벳 세 글자짜리 하이 리스크 금융상품에 속으면 안 됩니다.

기축통화와 달러 붕괴의 위기

CLO는 섀도 뱅킹(Shadow banking)으로 분류되는 더 위험한 금융상품입니다. 섀도 뱅킹이란 은행과 달리 엄격한 규제를 받지 않는 비은행금융기관이 은행의 그림자처럼 다루는 금융상품을 말합니다. CLO는 대출신용 및 변제 능력이 낮은 서브프라임 기업에게 융자하고, 회수 불능 고위험 융자금을 증권화해서 판매하는 금융상품으로, 기업판 서브프라임론이라고 할 수 있습니다. 이 CLO는 투자은행과 같은 기업이 대출을 채권화한 것으로, 금융자본주의의 권위자 골드만 삭스 등에 의해 만들어진 상품이기 때문에 은행법이 적용되지 않습니다.

그런데 일본의 농림중앙금고는 이렇게 위험하기 짝이 없는 CLO 상품을 2019년 말 시점에서 8조 엔이나 보유하고 있습니다. 만일 향후 리먼 쇼크에 버금갈 만한 금융위기가 일어나게 된다면 농림중앙금고는 그 순간 파산할 정도의 폭탄을 터트리게 될 겁니다. 연준이 무제한 양적완화를 통해 금융시장을 지탱하고 있다고는 하지만, CLO를 발행하는 기업은 통상적으로 은행에서 대출을 받을 수 없을 정도로 신용이 낮은 기업들이기 때문에 CLO가 회수 불능이 되는 것은 시간문제입니다.

지금이야 연준이 뒤에서 이래도 되나 싶을 정도로 달러를 쏟아붓고 있으니까 CLO가 살아있는 것처럼 보이는 것이지 사실상 이미 죽은 좀비에 지나지 않습니다. 연준의 양적완화정책으로 오래 버틴다고 한들, 7년 후에는 진짜 금융위기가 찾아올 것입니다. 빠르면 5년 뒤에 일어날 수도 있구요. 그렇다고 이제 와서 무를 수 있는 상황은 아닙니다. 향후 발생할 금융위기의 파급력은 어림잡아도 리먼 쇼크의 최소 10배 이상의 위기가 될 겁니다. 최악의 경우 100배 가까이까지 달할지도 모르죠. 그런 CLO를 대량으로 보유하고 있는 농림중앙금고야 말로 일본에서 제일 고위험 상태에 놓여 있다고 할 수 있습니다.

문제는 농림중앙금고 외 유초은행도 1.5조 엔, 미쓰비시 UFJ그룹도 2.5조 엔가량 보유하고 있다는 사실입니다. 그런데도 일본금융청은 어떠한 조치도 취하지 않고 있습니다. 그들은 외국자본의 앞잡이처럼 이런 상황을 다 알면서도 CLO 투자를 묵인하고 있는 것입니다.

한편 연준은 코로나쇼크에 대처하기 위해 무제한 금융

완화를 내걸었습니다. 금융업계가 파산이라도 하면 금융자본가들도 어렵기는 마찬가지이기 때문에, 단 몇 시간의 회의로 금융완화를 결정하고는 485조 엔 상당의 공적자금을 제공한 것입니다.

연준은 사채나 정부계 주택저당증권(Mortgage Backed Securities, MBS)의 매입도 선언했습니다. 연준은 달러를 찍어 내고 또 찍어 내서 원금 보증 없는 금융상품을 매점하는 것으로 코로나 위기를 어떻게든 넘겨보려고 하고 있습니다만, 이 사태가 그런다고 해서 해결될 문제는 아니지요. 이에 대해 로이터나 블룸버그에서도 "연준이 실질적으로 재정 파이낸스의 영역에 들어섰다"고 보도하고 있습니다.

전 세계 주식시장은 연준의 전무후무한 양적완화로 유지되고 있습니다만, 연준의 양적완화가 언제까지나 계속되는 것은 아니고, 또 연준이 쏠 수 있는 실탄도 언젠가는 떨어지고 말겠지요.

머지않아 글로벌 시장에 달러가 넘치고 있다는 사실을 더 많은 사람들이 눈치챌 날이 오겠지요. '달러가 시장에 흘러넘쳐 인플레이션을 일으키고 있다'고 말입니다. 하지만 이러한 상황을 깨닫는다 해도 그때 가서 허둥지둥하는 사이에 달러는 붕괴되고 하이퍼인플레이션이 발생할 것을 막을 수는 없겠지요.

지금까지 기축통화가 붕괴한 일은 없었으니, 달러가 하이퍼인플레이션을 일으키면 어떻게 될지 짐작하기도 힘들 겁니다. 애써 좋게 생각해서 달러의 인플레이션 현상이 감지덕지하게 10% 정도에 그친다고 한들, 그것만으로도 세계 금융시장은 모두 뒤틀어지고 전 세계는 공황에 빠질 겁니다. 참으로 혼란스러운 상황입니다.

제4장

특별회계의 그림자

이시이 고키 의원의 사례

일본 예산 내에 아주 위험한 흰개미가 계속 살아 있다는 것을 알고 계십니까? 눈길이 닿지 않는 마룻바닥에 생식하면서, 나중에는 가옥의 기둥까지 다 갉아먹어 치울 만큼 위험한 흰개미가 일본 예산에 숨어 있는 것입니다. 제4장에서는 흰개미 같은 관료와 특수법인, 그리고 신종 흰개미에 대해 말하고자 합니다.

우선은 특별회계에 대해 짚고 넘어갑시다. 2019년도 예산에서 일반회계는 101조 4천571억 엔을, 그리고 특별회계는 일반회계의 4배 가까운 389조 5천억 엔을 계상했습니다. 이 특별회계 안에는 연금과 건강보험, 미국채의 구입비용 등이 포함되어 있습니다. 고이즈미 정권 당시 시오카와 마사주로(塩川正十郎, 1921~) 재무성 장관은 “안채에서는 죽을 먹고 있는데 별채에서 전골을 먹고 있다"는 명언을 남겼습니다.

이 특별회계를 국회에서 몇 번이나 추궁했던 당시 민주당의 이시이 고키(石井紘基, 1940~2002) 중의원 의원이 2002년 10월 25일, 백주 대낮에 보란 듯이 피살당했습니다. 국회에서 한창 특별회계를 추궁하고 있을 때의 일이어서 충격은 더 컸습니다.

이날 사건은 특별회계와 관련해 구체적인 내용이 발각되길 원치 않는 누군가에 의한 암살이라고 의심하지 않을 수 없습니다. 그 전날인 24일, 간 나오토(菅直人, 1946~) 씨에게 "두고 봐라, 여당이 뒤집힐 것이다"라는 말을 남기고는 다음 날 자택 앞에서 피살된 것입니다.

범인은 이시이 의원이 갖고 있던 자료가 두려웠는지, 이시이 의원의 왼손 중지를 절단하고는 가방 안에 있던 수첩과 자료를 훔쳐 달아났습니다. 그 수첩과 자료는 아직도 발견되지 않았습니다. 이시이 의원은 특별회계를 추궁하는 데 있어서 몇 마디 의미심장한 말을 남겼습니다.

"일본은 자본주의의 가면을 쓴 관료제 사회주의국가다."

"일본의 GDP 중 60%는 관제 기업에게 착취당하고 있고 제대로 된 경제는 40%에 불과하다. 이것으로 나라가 지탱될 리가 없다."

고(故) 이시이 의원은 특별회계를 추궁하기 위해 63개의 골판지 상자에 자료를 모아 놨습니다. 불필요한 특수법인에 매달리는 낙하산 관료를 추궁하기 위한 자료가 그 속에 들어 있었을 것입니다.

이시이 의원은 10월 28일 국회에서 상세한 내막을 밝히기 위한 질문을 할 예정이었습니다. "이것으로 여당 놈들은 뒤집혀질 것이다"라는 말이 결과적으로는 이시이 의원의 마지막 메시지가 되었습니다. 그 구체적인 내용은 결국 밝혀지지 않은 채 10월 25일, 안타깝게도 돌아오지 못할 강을 건넌 것이지요. 특별회계에 관해 국회 질문을 받고 싶지 않는 어떤 특정 세력이 있던 것이 아니었을까요? 그나마 이시이 의원이 국회에서 밝힌 일부분이 남아 있어 그 흐름을 간단하게 정리해 보겠습니다.

일본도로공단이나 연금복지사업단 등의 특수법인 밑에는 3천여 사의 패밀리기업이 있는데, 그곳에는 가스미가세키(霞ヶ關, 일본 관청이 모여 있는 지역)에서 내려온 낙하산 인사들이 경영진에 이름을 올려놓기 좋은 곳입니다. 우선 일본도로공단을 살펴보면 전국의 고속도로와 유료도로 건설의 운영을 담당하는 특수법인으로 약 18조 엔의 예산을 굴리고 있는 곳입니다. 그런데 이곳은 예산보다 많은 27.5조 엔의 부채를 떠안고 있으면서도 역대 어떤 총재도 책임을 지지 않았습니다. 총재의 연수입은 2천4백만 엔이고, 4년 근무를 마치면 1천7백만 엔의 퇴직금을 받아가는데도 말이

죠. 참고로 일본도로공단은 현재 민영화되어 NEXCO라는 이름으로 바뀌었습니다.

당시 이 부분과 관련된 사실관계에 대해 이시이 의원을 비롯한 구민주당으로부터 집요하게 추궁당하고 있었던 겁니다. "제2의 국철"로 알려진 도로공단과 패밀리기업으로의 낙하산 인사, 그리고 수의계약과 이해할 수 없는 숨겨진 계약 등의 실태가 드러나면서 여론의 비난을 받았으니까요.

낙하산 피라미드

지금은 그렇지 않지만, 제가 어릴 때만 해도 휴게소에서의 식사는 비싸면서도 맛이 없는 것을 당연히 여겼습니다. 휴게소에 있는 레스토랑이 도로공단의 패밀리기업이었기 때문에 독점으로 출점을 할 수 있어서 서비스에 공들일 필요가 없었거든요. 도로공단의 직원 평균 연봉은 50세에 이르면 1천130만 엔으로 상승하고 이 정도면 대기업에 버금가는 금액입니다. 특히나 4개 도로공단의 총재, 부총재 등은 국토교통성 관료들의 낙하산 지정석이었습니다.

국토교통성 관료들은 오랜 시간에 걸쳐 낙하산 피라미드를 만들어 놓고는 도로공단에 내려가는 것뿐만 아니라 도로공단 산하의 패밀리기업에도 약 400명이 임원으로 내려가서는 파격적인 급료와 퇴직금을 받아 왔습니다. 그뿐만이 아니라 한 단계 더 내려가 산하의 패밀리기업에까지 손을 댑니다. 몇 년 뒤에는 또 다른 패밀리기업으로 철새처럼 옮겨 다닙니다. 그리곤 놀랍게도 또다시 1천만 엔 이상의 퇴직금을 받아 갔지요.

이런 마술 같은 일이 가능한 임원은 각 부처에서도 출세한 관료들이나 그렇지 모두가 그런 건 아닙니다. 초기에는 이렇게 특권을 누리는 이들을 가리키는 단어가 예전에는 없었습니다만, 지금 여러분이 사용하고 있는 '상급 국민'이란 단어가 바로 이들 '낙하산'과 '철새짓'을 반복하는 임원나으리들이 나타나고 나서부터입니다.

그러나 방만한 경영에 대한 대가는 분명히 있습니다. 도로공단이 떠안게 된 상급 국민의 높은 보수와 27.5조 엔의 부채가 그것이지요. 결국 일반 서민들이 지불해 왔던 비싼 고속도로 요금과 거기에 투입된 세금으로 이를 메꿔야 했던 겁니다.

2004년 6월, 고이즈미 정권이 들어서면서 도로공단은 민영화되었고 그로 인해 이제는 수의계약도 거의 없어졌습니다. 자유로운 경쟁구조로 바뀌다 보니 이제는 비싸고 맛없는 식당은 도태되고 고속도로 휴게소에서도 맛있는 멜론빵이 팔리는 날이 온 것이지요. 아직 소수의 패밀리기업은 존속하고 있지만 말이죠.

한편 가스미가세키(霞が関)의 머리 좋은 브레인들은 이런

저런 방법으로 자신들의 성익(省益)을 지켜내기 위해 모양을 바꾸면서 발버둥치며 살아남아 있습니다. 반대로 민영화가 이루어졌기 때문에 국회 점검이 소홀해진 측면도 있습니다. 게다가 NEXCO와 산하의 패밀리기업 총수의 보수나 퇴직금은 아직도 밝혀지지 않았습니다.

논픽션 작가로 훗날 도쿄도지사가 된 이노세 나오키(猪瀬直樹, 1946~) 씨도 이 특수법인의 실태를 파고 들었습니다. 2001년 고이즈미 정권에서 도로관계 4공단 민영화 추진위원을 지냈으며, 2004년 6월에는 도로관계 4공단 민영관계 4법을 성립시키면서 이노세 씨가 분할 민영화의 중심 인물로 떠오른 거지요.

고이즈미 정권에서는 도로공단을 추궁하는 것만으로 그치지 않고 “특수법인은 이권(利權)의 온상이다”, “특수법인은 세금을 움켜쥐고 있다”라는 딱지를 붙이며 민영화를 계속 밀어붙였습니다. 자민당의 파벌 정치와 선을 긋고 있던 정치가가 갑자기 정상에 나섬으로써 특수법인 개혁도 단행할 수 있었던 것입니다.

이노세 씨는 2012년, 도지사에 취임한 후 올림픽 유치를 이뤘지만 의료법인 도쿠슈카이(德洲会)로부터 자금을 제공 받았다는 문제가 붉어지면서 2013년 12월에 안타깝게도 사임했습니다. 그의 교만에서 비롯된 것인지, 어떤 세력의 의도가 작용한 것인지에 대해서는 쉽게 판단이 서지 않습니다만, 이노세 씨의 정치 생명은 이제 끝난 거나 마찬가지입니다.

역대 후생성 장관 지역구에 건설된 그린피아

후생성 관료들의 낙하산 공단이었던 연금복지사업단은 연금충당금을 물 쓰듯 사용해 전국에 그린피아라는 대규모 보양시설을 건설했습니다. 시설에 따라 다르긴 하지만 보통 한 곳에 200억 엔 이상을 투입할 정도로 광대한 부지에 건설된 이 시설들은 연금 가입자들의 공유재산이라고 할 수 있지요.

연금은 일정 연령이 될 때까지는 받지 못합니다. 젊은 사람들은 퇴직할 때까지 혜택이 없다 보니, 연금 수급 연령이 될 때까지 이러한 그린피아 시설을 이용하는 것에 의미를 두기도 했습니다.

이렇게 뜻은 좋게 시작했지만, 실상을 들여다보면 서비스업도 숙박업도 경험한 적이 없는 후생성 관료들이 은퇴 후 낙하산 타고 내려와서는 계획성 없게 자금을 투입해 운영하다 보니, 전국에 걸쳐 13곳이나 건설된 그린피아 시설이 경영 부진으로 파산에 직면하는 것은 당연한 결과이겠지요. 그렇게 뚜렷한 목적도 없이 벽돌만 올라가던 그린피아 시설에 발자취가 줄어들면서 적자가 불어나는 바람에 건설비 263억 엔의 화려했던 시설이 단돈 2억 엔에 매각된 경우도 있었습니다. 그런데도 적자시설에 연금 자금을 쏟아부어 2005년도까지 경영을 계속해 왔습니다. 결과적으로 볼 때 약 3천730억 엔을 투자해 정비했던 그린피아의 매각 총액이 불과 48억 엔에 불과했으니 책임지는 사람은 없고 그 피해는 고스란히 국민들에게 돌아올 뿐입니다.

참고로 그린피아 13곳 중 8곳이 1988년까지 역대 후생성 장관의 지역구에서 건설되었다는 점에서 건설 이권이 있지 않았나 하는 의혹을 받고 있습니다. 정치인이 자기 지역구에 그린피아 같은 대형 건설 사업을 유치하면 돈 냄새를 맡은 현지 건설업자들이 벌 떼처럼 달려들어 이권을 챙겨 갑니다. 이렇게 철의 삼각구도가 만들어지는 거지요.

인허가를 내준 관료들은 퇴직 후 관련 회사의 임원으로 내려갈 수 있고, 정치인은 선거 때 건설사를 풀가동할 수 있고 건설사는 돈을 벌 수 있으니, 누이 좋고 매부 좋고 모두가 좋은 트라이앵글이 만들어지는 구조입니다.

그러나 이를 통해 상호 이익이 되는 부류는 바로 트라이앵글의 꼭짓점에 있는 관료와 정치인, 그리고 건설사뿐, 그 부담은 돌고 돌아 여러분에게 돌아오겠지요.

고이즈미와 다케나카의 민영화의 실상

이와 같이 당치도 않은 실태가 밝혀지자 고이즈미 정권은 '구조개혁', '규제완화', '관(官)에서 민(民)으로' 등의 짧은 캐치프레이즈를 동원하여 민영화의 흐름에 가속페달을 밟았습니다. 그런데, 이게 언뜻 보면 국민들에게 득이 되는 것처럼 보입니다만, 실상을 살펴보면 이야기가 다르게 펼쳐집니다. 문제는 그린피아 등의 연금 복지 환원 시설이 '공매'와 같은 가격으로 외자를 갖고 들어온 금융자본들과 그 앞잡이에게 팔리기 시작했기 때문입니다. 공적자금을 사기업에 방출하는 엉터리 같은 일이 반복되고 있는 겁니다.

와카야마현(和歌山県)에 건설된 그린피아 난키(グリーンピア南紀)의 경우 119억 엔의 건설비를 투입했음에도 불구하고 불과 8천300만 엔에 나치카쓰우라초(那智勝浦町) 마을에 팔렸고 10년 후에는 소유권 양도까지 약속하면서 중국의 보아오(BOAO)라는 실태도 없는 페이퍼컴퍼니에 팔아버린 사건이 발생했거든요.

고이즈미 정권하에서 공공시설을 민영화하면서 미국의 금융자본가나 관련 투자가들에게 팔아넘기는 수법이 생겨났습니다. 그리고 그 중심에는 다케나카 헤이조(竹中平蔵, 1951~)라는 인물이 서 있습니다. 다케나카는 2001년 이후 경제재정정책담당장관, 금융담당장관/경제재정정책담당장관, 경제재정정책/우정민영화담당장관, 총무장관, 우정민영화담당장관 등을 역임한 인물입니다. 고이즈미 정권이 막을 내리면서 다케나가 씨도 의원 배지를 떼고 2009년, 인재파견회사인 '파소나그룹(Pasona Group)' 이사진 회장에 취임했지요.

아베 정권 출범 후에는 산업경쟁력회의, 국가전략특구 자문회의에서 민간의원을 지내면서 노동규제완화추진에

분투해 왔습니다. 아베 정권에서 민간의원을 지내면서 쌍방에 적극적으로 관계되어 이익을 유도하는 정치행동으로 보일지 모르는 위험한 다리도 건너고 있습니다.

현재 다케나카 씨는 파소나그룹 회장, 오릭스 사외이사, SBI홀딩스 사외이사라는 직함을 갖고 있습니다. 그 밖에도 토요대학(東洋大学) 국제지역학부 교수, 모리빌아카데미힐즈(森ビルアカデミーヒルズ) 이사장, 내각부 미래투자회의 구조개혁철저추진회합 회장의 직함도 있습니다.

이러한 이익유도형 정치를 보인 최초의 대형 도박판이 우정공사를 민영화한 시점이었다고 저는 의심하고 있습니다. 일본우정(日本郵政)도 과거에는 우정공사(郵政公社)라는 특수법인이었거든요. 모두들 알고 계시듯 고이즈미 정권하에서 민영화되었지요.

제 생각에, 우정개혁이란 우정공사를 폐지한 후 우편과 우편저금, 간이보험(簡保) 등으로 분할해, 국민의 공유재산을 서구 금융자본가나 관련 투자가들에게 투매한 것으로 보입니다. 유초은행이 서구의 금융자본가가 말하는 대로 고위험의 금융상품을 붙잡고 있는 것을 보면 알 수 있지요.

공공사업에 참여하는 외국기업

그 밖에도 일본우편이 보유하고 있던 간포노야도(かんぽ

の宿)라는 시설 역시 오릭스에 저가로 매매될 뻔 했습니다. 간포노야도는 우정공사가 간이보험의 보험금을 사용해 건설한 보양시설입니다. 일본우정은 각지의 간포노야도와 간포노사토(かんぽの郷, 보양시설), 합계 63개 시설과 JR사이타마(JR埼玉) 신도심지역의 역 앞 숙박시설 라프레사이타마(ラフレ埼玉), 수도권의 사택 등 합계 79개 시설을 일괄해 109억 엔에 오릭스에 매각하기로 결정했습니다.

당시 총무장관이었던 하토야마 구니오(鳩山邦夫, 1948~) 씨가 제동을 걸었지만, 시설 취득비용은 토지와 건설비를 합해 약 2천400억 엔으로 알려져 있습니다. 라프레사이타마(ラフレ埼玉)에만 약 280억 엔이 투자되었다고 합니다. 그런데 매각가격이 고작 109억 엔이라고 하니, 떨이판매라고 할 수밖에 없을 정도의 저가입니다.

우정민영화가 일어난 후의 일이기 때문에 이를 국유재산이라고 말할 수는 없습니다만, 그렇다고 민간기업의 소유물도 아닙니다. 지금까지 당당하게 우체국에 보험료를 납입해 온 간이보험제도의 가입자분들의 것이지요. 공적 자산으로 취급하고, 그 용도도 엄격하게 정해놓아야 했습니다.

이렇듯 70여 곳의 시설을 오릭스에 일괄적으로 싼값에 팔아 치운 것에 대해 하토야마 장관이 의문을 제기하는 것은 당연한 일입니다. 하지만 이 정도 제기만으로는 '보이지 않는 손'을 멈추게 하기에는 분명 한계가 있는가 봅니다.

왜냐하면 아베 정권하에서도 공적자산을 계속 매각해 왔거든요. 다만 형태를 보다 복잡하게 만들어 언뜻 보아서는 알 수 없도록 해 놨을 뿐입니다.

예를 들어 PFI라고 하는 수법이 있는데, 내각부는 PFI를 다음과 같이 설명하고 있습니다.

> "PFI(Private Finance Initiative)란 공공시설 등의 건설, 유지관리 등을 민간 자금과 경영 능력 및 기술적 능력을 활용하여 운영하는 새로운 기법입니다.
> 민간 자금, 경영 능력, 기술적 능력을 활용함으로써 국가나 지방공공단체 등이 직접 실시하는 것보다 효율적이고 효과적으로 공공서비스를 제공할 수 있는 사업에 대해 PFI 기법을 실시합니다. PFI를 도입함으로써 국가와 지방공공단체의 사업 코스트를 삭감하고, 보다 질 높은 공공 서비스를 제공할 것을 목표로 합니다."

이 방법으로 간사이 국제공항(関西国際空港)의 운영권도 일본의 오릭스와 프랑스의 종합건설기업인 뱅시 에어포트(Vinci Airports)에 매각되었습니다. 간사이 국제공항은 닛산의 카를로스 곤(Carlos Ghosn, 195~) 전 회장이 도피극을 벌이면서 이용했던 공항으로도 주목받았지만, 그 간사이 국제공항을 운영하고 있는 곳이 프랑스계 기업이니, 카를로스 곤이 결코 우연히 이 공항을 선택한 것은 아니라고 할 수 있겠지요.

사실 공항은 소중한 공공재입니다. 그런데 공공재를 완전히 민간에 매각해 버리는 것이 어떠한 의미인지에 대해 염려하는 목소리가 나오자, 이제는 '운영할 권리'라는 새로운 개념을 만들고는 그 권리, 즉 운영권을 매매하는 일이 벌어진 것입니다.

수도사업에서도 컨세션(운영위탁) 방식에 의한 사례가 있습니다. 일본 최초의 사례가 시즈오카현(静岡県) 하마마쓰시(浜松市)와 프랑스의 베올리아사를 대표로 하는 6사연합(베올리아 제팬, 베올리아제넷츠, JFE엔지니어링, 오릭스, 스야마건설, 토큐건설)의 특별목적회사 HWS(하마마츠워터심포니)와의 "하수도 컨세션"입니다.

베올리아사는 "물 메이저"로 유명한 프랑스 본거지의 다국적 거대기업으로 물 처리로는 세계 최대 기업입니다. 계약기간은 2017년 10월 30일부터 2038년 3월 31일 약 20년간으로, 하마마쓰시(浜松市)와 운영권자 HWS가 합의하면 최장 2043년 3월 31일까지 연장됩니다.

왜 일본의 공적자산이나 공유재산을 외국계 기업에게 맡겨야 할까요? 지나친 글로벌리즘을 시정해야 합니다. 공적자산이 외국계 기업에 유출되는 것을 막아야 합니다. 뱅시와 오릭스는 신치토세(新千歳)와 메만베쓰(女満別), 아사히

카와(旭川) 등 홋카이도(北海道) 7개 공항의 민영화에 참여했지만, 1차 심사를 통과한 시점에서 사퇴한 것으로 보입니다. 공항은 거대한 공공 인프라이기 때문에 단순히 돈을 벌기 위한 이유만으로 운영을 자청하는 기업에게 맡길 수는 없는 것입니다.

특별회계는 그들의 지갑을 채우기 위한 것이 아닙니다. 389조 엔의 특별회계에는 '외국환율자금'이라는 항목이 있습니다만, 미국채를 사거나 또는 달러나 엔을 사서 달러엔 시장을 조절하기 위해 사용됩니다. 그런데 이 내부 사정은 불투명하고, 또 어떻게 운용되고 있는지 구체적으로 알기는 어렵습니다.

일반회계 바깥에 존재하는 특별회계는 지방자치단체에도 있습니다. 389조 엔과는 또 다른 것입니다. 일본 전국의 시정촌(市町村)까지 포함하면 도대체 얼마나 금액이 불어날까요?

낙하산 법인에 얹어터지는 흰개미

이 특별회계는 "관료들이 마음대로 사용할 수 있는 돈"이라고 불렀습니다. 이시이 고키 씨가 목숨을 걸고 개혁을 하고자 했던 특수법인의 패밀리기업은 아직도 삼천 사나 있다고 알려져 있고, 그들이 공금과 공적시설을 곳간에서

감 빼 먹듯 뒤로 챙기고 있습니다.

예전에는 낙하산 관료들이 해 왔던 역할을 지금은 그 형태를 바꾸어 프랑스의 대기업인 뱅시와 베올리아 등의 국제금융자본과 얽혀 오릭스, 파소나가 선봉을 맡고 있습니다. 특별회계를 활용하여 미국 경제를 돌리기 위해 미국 국채도 구입하고 있을 것입니다. 특별회계는 세입과 세출 구조가 복잡합니다. 누구나가 직감적으로 이해하기 어려운 이유는 국회 등에서 추궁하기 어렵게 하기 위해서, 그리고 가스미가세키(霞が関, 일본의 정치 1번지 지역) 관료들의 비리가 드러나지 않도록 하기 위해서겠지요.

이시이 씨를 살해한 이토 하쿠스이(伊籐白水)는 우익 정치 운동가를 자칭해 세타가야구(世田谷区) 의회의원과 도의회, 국회의원 사무소에 출입하면서 서적이나 사케(일본술) 등을 강매하는 방법으로 자금을 마련했던 사람이었습니다.

2003년 1월 첫 공판 당시 검찰 측의 모두 진술에 의하면, 이시이 의원의 사무소를 자주 방문하여 서적과 일본술을 고가로 강매했었다고 합니다. 2001년경부터 면회를 거절당하자, 자신이 이시이 의원을 키워줬는데 은혜를 저버렸다며 일방적으로 원한을 품었던 것 같습니다. 강제집행을 했던 아파트의 집세도 거절당하다 보니, 2002년 10월 25일 가방에 칼을 숨기고 집 앞에서 매복해 있다가 현관에서 나온 이시이 씨를 살해한 것으로 추정됩니다.

2005년 무기징역이 확정되었고, 그로부터 4년 뒤인

2009년 TV 아사히의 프로그램인 '슈퍼 J 채널'(2009년 2월 11일)에서 옥중 인터뷰를 내보냈는데, 이때 이토는 "사실은 부탁을 받아서 죽였다"고 고백했습니다. 특종이었지만 경찰은 움직이지 않았습니다. 당시 민주당도 이 발언을 거론하지 않았습니다.

그 후 2009년 8월, 오사카 16구에서 출마한 모리야마 히로유키(森山浩行, 1971~) 씨의 응원연설에서 훗날 총리가 된 노다 요시히코(野田佳彦, 1957~, 총리 재임기간 2011. 9.~2012. 12.)가 이렇게 말했습니다.

> "소비세 1% 분은 2조 5천억 엔입니다. 12조 6천억 엔은 소비세 5%에 해당하는 금액입니다. 소비세 5%에 해당하는 여러분의 세금에 흰개미 같은 낙하산 법인이 매달려 있습니다. 그런데 지금 흰개미를 퇴치하지 않고 소비세를 인상하겠다는 건가요? 소비세 세수가 만약 20조 엔이 된다면 또다시 흰개미가 번식할 수도 있습니다. 하토야마가 4년간 소비세를 인상하지 않겠다고 한 것은 그런 의미가 있습니다. 흰개미를 퇴출하고 낙하산 법인을 없애야 합니다. 이 부분부터 이야기를 시작하지 않으면 소비세 인상은 말도 안 되는 소리입니다. 세금 낭비를 철저히 없애는 게 민주당의 생각입니다."

당시 노다 씨는 민주당 내에서 제일가는 논객으로 불렸습니다. 이 가두연설에서 행재정개혁을 철저하게 하지 않고 소비세를 인상하는 것은 있을 수 없다는 생각을 표현한 것입니다. 이때 중의원 선거에서 민주당은 대승을 거두어 정권 교체가 실현되었습니다.

그러나 여러분들도 아시다시피 "철저한 개혁", "소비세 인상 없음" 등의 공약을 내건 민주당 정권도 소비증세로 정책을 선회하면서, 국민들에게는 배신감을 안겨 주었지요.

노다 씨를 증세파로 전환시킨 것은 당시의 재무사무차관 가쓰 에이지로(勝栄二郎, 1950~) 씨로 알려져 있습니다. 가스미가세키(霞が関)의 저력이 이 정도입니다.

국회의 폭탄남으로 알려진 이시이 의원이 특별회계를 제대로 파고들어 분석해 냈다면 다른 정권이 만들어졌을지도 모르지요. 여기에서 이시이 의원의 말을 다시 한번 반복하고 싶습니다.

> "일본의 GDP중 60%는 관제 기업에 흡수되고, 제대로 된 경제는 40%에 불과하다. 이러니 나라가 유지될 리가 없다."

특별회계의 배후에는 보이지 않는 깊은 어둠의 나락이 있습니다. 일본의 세금을 왜 미국이 자유롭게 쓸 수 있게 하는지, 그것을 해명하려고 했던 이시이 씨의 노력은 결국 죽음으로도 증명하지 못했습니다.

제5장

기본소득으로 일본 경제를 살린다

더 이상의 대책은 없다

일본 정부는 코로나 바이러스 감염 확대에 대한 긴급 지원책으로 일본 국민 전원에게 일률적으로 10만 엔씩 현금 급부를 결정했습니다. 그러나 10만 엔을 받는다고 해서 기뻐할 수 있는 상황은 아닙니다. 왜냐하면 빠져나간 만큼 언젠가 증세를 할 것이고, 그래서 다음 세대 입장에서 보면 그것이 미래의 증세로 이어져 결국은 10만 엔 이상의 불이익을 받을 것이라고 생각하기 때문입니다. 그렇기 때문에 사실은 급부를 결정한 시점에서 그것이 미래의 증세로 이어질 것이라는 점을 국민들에게 제대로 알려야 했습니다. 그렇게 하지 않고 1인당 10만 엔씩 뿌린다면 그건 순수한 의도라기보다는 지지율을 높이기 위해서라고 의심을 살 수 있습니다.

지금 와서 이야기한들 소 잃고 외양간 고치기에 불과하겠지만, 재정악화나 다른 차원에서 금융완화 문제에 착수하지 않은 채, 코로나 쇼크를 맞이해 버린 것은 대실책이라고 할 수 있습니다. 아베노믹스로 경제가 안정되어 있던 동안 금리를 비롯한 금융정책의 정상화를 꾀해야 했습니다. 완화 카드를 다 써 버린 일본은행에 대해 시장이 냉담한 이유가 바로 이 부분에 있습니다.

일본은행은 2020년 3월 16일, ETF(상장 투자신탁) 구입을 '12조엔으로 배증시키겠다'고 발표했습니다. 일본은행이 시장 역할을, 즉 구매를 선언했음에도 불구하고 이날 종가는 직전 주말 대비 429엔 하락으로 마감했습니다.

나아가 3월 19일에는 하루 만에 사상 최대인 2천억 엔 넘게 사들였습니다만, 시장에서는 이렇다 할 반응이 없었습니다. 일본은 이미 제로금리인 상태여서 FRB처럼 금리를 인하하는 것도 더 이상 불가능합니다. 이렇게 일본은행에 대한 신뢰가 사라지다 보니 시장이 패닉에 빠지는 것입니다. 국내 경제 전망이 좋다면야 주가는 오르겠지만, 이제는 더 이상 좋은 대책은 없을 것으로 시장이 전망하고 있는 것은 아닐까요?

긴급 경제 대책 사업 규모도 당초 108조 2천억 엔이었지만 117조 1천억 엔으로 확대되었고, 증가분은 전액 적자국채의 추가발행으로 조달하는 것입니다. 경영 위기 시 당장 닥쳐올 지불금 때문에 어려움을 겪고 있는 중소·영세기업

사업자들을 고려하면 당연한 판단이라고 할 수 있습니다. 국채는 미래의 세수를 가불해 쓰는 것과 같습니다. 장래에 반드시 갚을 테니 가불해 달라는, 일본 정부의 약속이기 때문에 신용하고 발행할 수 있는 것입니다.

우리들이 개인적으로 채권을 발행한다 한들 그건 한낱 휴지 조각에 불과하겠지만, 국채는 일본 정부의 신뢰가 바탕에 깔려 있기 때문에, 즉 분명히 갚을 것이라고 신뢰를 하기 때문에 적자국채 발행이 허용되는 것입니다.

'재정 규율'이라는 말은 어디에 갔을까요? 일본은행이 정부의 빚을 대신 갚는 재정 파이낸스도 걱정이고, 빚에 의존한 재정 운영이 계속 되다 보니 지금이 바로 위기 상황이라고 할 수 있습니다. 재정 파이낸스는 원래 금지된 수단으로, 재정 규율에 손을 뗀 듯합니다. 2013년부터 시행한 아베노믹스로 7년여간은 경제적으로 안정되어 있었습니다만, 왜 그 사이 재정 건전화를 위해 노력하지 않았던 것일까요.

이번에 일률적으로 10만 엔씩 급부하면서 여기에 기타 경비까지 포함하면 12조 8천803억 엔이 필요했습니다. 적자국채 발행액은 당초 14조 5천억 엔이었지만, 결국 23조 4천억 엔으로 확대되었습니다. 2020년 신규 국채 발행액은 역대 최대인 58조 2천억 엔이 될 것입니다.

하늘만 쳐다본다고 해서 눈처럼 돈이 내려오는 건 아닙

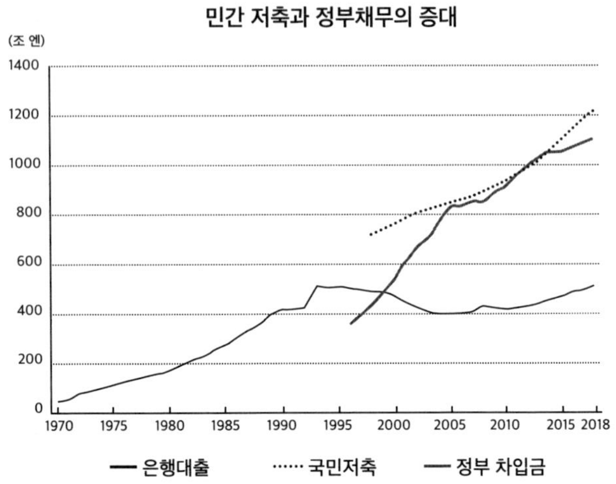

니다. 이미 발행된 국채잔고는 1천조 엔을 넘었습니다. 이 거액의 적자국채를 향후 어떻게 변제해 나갈지가 관건입니다. 끝없이 늘어나는 재정지출을 무작정 인정해도 되는 걸까요? 자민당과 공명당으로부터 새로운 재정지출을 기대하는 목소리가 있어 이 역시 걱정입니다. 다음 세대에게 적자국채를 유산으로 남겨주는 게 좋을 리 없겠지요.

게다가 그래프를 보면 정부 빚이 격증하는 것과 거의 같은 속도로 민간 저축이 증가하고 있습니다. 20대 젊은이들 대부분이 저축이 제로인 반면, 중고령자 중 부유층들은 저축이 늘고 있습니다. 이유는 미래가 불안하기 때문입니다.

거대한 금융위기가 일어나면 금융 세계에서 멀리 떨어져 있는 사람부터 영향을 받습니다. 2008년 리먼 사태 후 140여만 명의 파견 노동자에 대한 고용 해지가 잇따랐습니다. 이를 반면교사로 삼아야 합니다.

고용 조정이 필요할 때 경기 침체의 최대 희생자가 바로 파견 노동자들이었습니다. 리먼 사태 후에 노동자 파견법이 개정되면서 고용안정조치를 의무화하였지만, 같은 직장에 3년 파견될 가능성이 있는 경우에나 해당되는 의무여서, 1년을 채우지 않고 고용 해지를 당하면 대상에서 제외됩니다.

급속한 경기 침체는 사회적 약자들에게 가장 많은 걱정과 주름을 안겨 줍니다. 이대로 가다가는 다음번 금융위기 때에도 같은 일이 번복될 겁니다. 그리곤 일자리를 잃은 사람들이 히비야 공원(日比谷公園)에 몰려오겠지요.

아베노믹스는 결국 뭐였나

돌이켜보면 아베 정권이 추진해 왔던 경제정책 아베노믹스가 주가를 끌어올렸는지는 모르겠지만 개인 소비는 늘지 않았습니다. 실물경제가 정체된 상태인데도 2019년 10월 소비세를 인상하면서 그마저 개인 소비는 더 위축되었습니다.

일본 내각부가 발표한 2019년 10~12월기의 국내총생산(GDP)의 실질성장률은 전년 대비 1.8% 감소하였고, 이를 연율 환산으로 계산해 보면 7.1%로, 1년 3개월 만에 마이너스 성장을 기록한 것입니다. 그러니까 약 40조 엔 정도가 사라진 셈이지요. 증세로 인해 경기가 침체되는 와중에 이번 신형 코로나 바이러스에 타격을 받으면서 금융위기가 겹친 겁니다.

중요한 부분이라 반복해 말씀드립니다만, 소비세 인상은 경기를 위축시킵니다. 그런데 여기에 더해 한순간에 코로나 위기까지 덮치면서 더블 쇼크가 발생한 것이지요. 중소·영세기업자들은 자전거 조업(쓰러지지 않게 자전거를 계속 밟아야 하듯이 무리를 해서라도 일을 계속하여 자금조달을 안 하면 망하는 불안정한 경영 상태)으로 간신히 버티고 있는 가운데, 증세에 이어 이번 코로나 위기가 발생하면서 이들에겐 지옥문이 열린 것처럼 위기가 눈앞에 다가왔습니다.

'소비세 제로%'

자민당 내 의원연맹 '일본의 미래를 생각하는 공부모임'의 멤버를 중심으로, 젊은 의원 45명이 모여 '소비세는 당분간 경감세율을 0%로 하고 전품목 경감세율을 적용할 것'을 제언했습니다.

'일본의 미래를 생각하는 공부모임'의 회장인 안도 히로시(安藤 裕, 1965~) 중의원 의원(교토 6구 · 3선)은 세무사여서 그런지 자신이 속해 있는 지역구의 경제 실태를 잘 알고 있는 것 같습니다. 저 역시 여야당을 불문하고 젊은 의원, 중견 의원들과 교류를 갖고 있습니다만, 발품을 팔면서 열심히 고향 지역을 돌아다니며 현지의 어려운 경제 상황을 인식하게 되었습니다.

이러한 경험이 정권의 중심부에까지 전해진다면 얼마나 좋을까라고 생각했습니다만, 안도 의원 등 자민당의 젊은 의원들의 진언(進言)은 문전박대를 받았습니다. 저는 전부터 제언하고 있습니다만, 이 위기를 극복하기 위해서는 소비세 제로 퍼센트 정도의 임팩트 있는 정책을 제시해야 합니다. 아울러 기본소득에 대해서도 제언해 왔습니다. 기본소득이란 '정부가 모든 국민들에게 필요 최저한의 생활을 보장하는 수입을 정기적으로 지급하는 제도'라고 정의되어 있습니다. 그렇게 되면 아무도 일하지 않게 될지도 모른다며 불안해 하는 분들도 계시다는 것을 잘 알고 있습니다.

일본에서는 지금까지 기본소득에 대한 논의가 거의 없다가 이번 코로나 쇼크로 다소 목소리가 들리기 시작하였습니다. 연금이나 사회보장제도와의 차이는 급부 조건이 없기 때문에, 어떤 직업이든, 연수입이 얼마이든 상관없이, 그리고 무직이라도 누구라도 지급된다는 점입니다. 조건을 달지 않고 지급하기 때문에 행정상 발생하는 비용도 대폭 절감할 수 있습니다. 동시에 차별없이 누구나 다 받기 때문에 받는 분들이 열등감을 느끼지도 않습니다.

생활보호를 지급받고 있는 사람은 주눅이 들겠지만 기본소득이라면 정치권을 대표하는 자산가인 아소 다로(麻生太郞, 1940~) 현 재무성 장관에게도, 연수입 150만 엔 정도의 가난한 사람에게도 일률적으로 지급됩니다. 부자에게 왜 나눠 줘야 하나라는 의문이 들 수도 있지만, 아소 다로 씨에게 나눠 줘도 괜찮습니다. 나중에 소득과 합산해서 세금을 부과하면 되니까요.

징세 구조는 이미 마련되어 있으니 나눠 주는 구조를 새로 만들면 되는 것이죠. 위기 때야말로 번잡한 일을 할 게 아니라 신속하게, 그러면서도 단순하게 손을 쓰면 됩니다.

지금이야말로 기본소득

지급되는 것은 최저한도액뿐입니다. 더 사치를 하고 싶은 분들은 자본주의 시장이 작동하는 대로 자유롭게 돈을 벌면 됩니다. 만일 코로나 쇼크 이전에 기본소득을 제도화해 놓았다면 신속하게 현금을 나누어 줄 수 있었을 겁니다. 기준액에 10만 엔을 더해서 급부하면 되니까요. 따라서 자연 재해가 많이 발생하는 일본에서는 위기에 대해 안전망(safety net)이 즉시 발동할 수 있도록 해야 합니다.

나아가 2033년에는 일본 인구 3명 중 1명이 고령자가 되기 때문에 연금 제도를 폐지하고 기본소득 도입을 검토해야 합니다. 현역 세대가 고령자를 부양하는 세대 간 부양 연금 제도는 이대로는 지속되기 어려울 것이 분명합니다. 그렇다면 연금은 폐지하고 모두가 윤택해질 수 있는 기본소득을 도입하는 것은 어떨까요?

'그러면 재원은 어디서 나오나요? 적자국채로 마련해야 하나요?'라는 질문을 하실 텐데, 기본소득의 재원은 금융자산에 대한 과세가 최적입니다. 금융자산 과세의 도입으로 부의 편재(遍在)를 시정하는 장점이 있습니다.

첫째, 3억 엔 이상의 금융자산을 보유한 사람에게 과세를 합니다. 그만큼의 금융자산이 있다면 다소 세율이 올라가도 생활이 어렵지는 않을 겁니다. 그리고 이것을 누진과세로 합니다. 초부유층 자산가들은 더 많이 지불하는 셈이죠. 이것으로 연간 10조엔 정도의 새로운 재원이 생깁니다. 둘째, 아베노믹스 7년 동안 엄청난 영업이익이 발생한 대기업의 내부유보에 과세를 하면 됩니다. 2018년 말에 일본 기업의 내부유보는 총 463조 엔이나 됩니다. 지금 기업 전체의 예금은 240조 엔으로 사상 최고치를 기록하였습니다. 수중에 현금도 있겠다, 게다가 내부에 쌓아 둔 돈도 있겠다, 그러면 과세를 해야 하지 않을까요? 이렇게 규모에 따라 세율을 변경하는 것만으로 약 5조 엔의 세수입 증가를 전망할 수 있습니다.

원래 대기업이 463조 엔의 일부분이라도 직원이나 하청

업체에 분배했다면 적절히 시중에 유통돼 돈이 돌았을 겁니다. 여러분의 소득이 증가하고, 그렇게 번 돈으로 물건을 사는 것이기 때문에 기업 실적에도 좋은 영향을 줄 것입니다.

셋째, 외환거래세입니다. 외환거래에 과세를 할 경우 10조~20조 엔의 세수가 늘 것입니다. 지금은 이익에 대해 20% 과세하는 정도에 불과합니다. 1%의 외환거래세로 10조엔 이상이 늘어나는데, 자산을 이동시키면서 이익을 얻고 있다면 과세를 하는 것이 당연하겠지요.

방금 제시한 세 가지 유형의 금융자본 과세를 도입하면 기본소득을 감당할 만큼의 세수입이 가능할 것으로 봅니다. 최소한의 돈이 매달 들어온다면 사람들은 안심하고 소비할 겁니다. 시장에 돈이 흘러 순환하고, 경제의 파이가 커지면 대기업이나 자산가에게도 손해보는 흐름은 아닙니다. 그런데도 금융자산 과세 도입을 제언하면 반드시 이렇게 반론을 하는 분들이 계십니다.

"세금 부담을 싫어하는 부유층들이 국외로 자본을 옮기려 할 겁니다. 해외로 자금이 유출되는 걸 막을 수가 없겠지요."

미국은 빚투성이의 나라로 달러 자체의 가치가 흔들리고 있습니다. 기축통화를 중국 위안화로 하자, 또는 석유 거래 결제를 위안화나 루블로 하자는 이야기가 나올 정도로 달러에 대한 신용은 하락했습니다. 또 이번 코로나 쇼크 이후의 대규모 금융완화정책 때문에 달러의 가치는 하락할 뿐입니다. 안전 자산인 엔 이외에 도망갈 곳이 어디에 있을까요?

이 세 가지 금융자산에서 징수를 할 경우 연간 40조 엔의 새로운 재원을 만들 수 있습니다. 돈을 적절히 순환시키지 않으면 일본 경제 자체가 쇠퇴하기 때문에 부유층의 주식과 토지의 자산도 감소합니다. 금융자산 과세로 돈을 돌려 서민들을 기본소득으로 뒷받침해 주면 소비도 늘어나고, GDP도 점차 회복되고 국력도 튼튼해질 것입니다.

지금과 같은 국채의 증발은 너무 위험합니다. 지금처럼 국채를 계속 발행하면 언젠가는 하이퍼인플레이션이 발생하겠지요. 하이퍼인플레이션이 발생할 경우 가장 피해를 많이 입는 계층은 바로 금융자산이 많은 사람들입니다. 자산가들에게 금융자산 과세 이야기를 하면 즉각 반발하겠지만, 냉정하게 생각해 보면 일시적으로 과한 부담이 될 수는 있을지 모르겠으나 종합적으로 판단해 보면 자산이 줄어들지는 않을 겁니다.

거품과 불황이 동시에 일어나다

불황이 오면 FRB를 시작으로 전 세계 중앙은행들 대부분은 다시금 버블을 일으켜 뭐라도 해야 된다는 강박관념에 사로잡혀 금융정책을 실행해 왔는데, 이러한 발상이 잘못되었다는 것은 앞서도 말씀드렸습니다.

2008년 리먼 사태 이후 일본은행은 정책 금리를 점점 인하하여 지금은 제로금리까지 왔습니다. 일본뿐만 아니라 전 세계 중앙은행에서 제로금리를 내세운 결과, 시장에 돈이 남아돌고 있습니다.

이번 코로나 쇼크로 무너지고 있는 금융시스템을 어떻게든 억제하기 위해 FRB는 대담한 양적완화를 실시하고, 고위험군 주식이나 정크 채권도 구매에 나섰습니다. 전 세계 GDP는 이번 코로나 쇼크로 10% 가까이 떨어질 것으로 예측되는 가운데, 일본 역시 약 540조 엔 정도의 GDP에서 10% 하락할 것으로 가정할 경우 54조 엔이 줄어들게 됩니다. 이 하락분을 보전하지 않으면 중소기업과 영세기업은 도산하고 그만큼의 실업자가 속출할 것이 분명합니다. 아베 정권이 내세웠던 긴급 경제 대책으로는 감당할 수 없을 뿐만 아니라 연수입 300만 엔을 기준으로 하면 1천800만 명 분의 생활이 파산되는 셈이지요.

코로나 위기가 수습된다 해도 안타깝지만 모든 업계가 재개할 수는 없을 겁니다. 'V자 회복'을 기대할 수도 없구요. 일진일퇴(一進一退)를 반복하며 코로나 이전의 삶으로 돌아가기 위해서는 향후 2~3년의 세월이 걸리지 않을까요?

하지만 시장에는 정부에서 푼 유동성 풍부한 돈이 주식

과 채권시장으로 흘러들어가 주가 자체는 떨어지지도 않습니다. 중소기업이나 개인 사업자는 불황을 견디지 못해 어찌할 바 몰라 좌충우돌하고 있는데도 주가가 떨어지기는커녕 오히려 주식시장에서 버블이 발생하고 있습니다. 어쩌면 주가뿐만이 아니라 토지 버블도 발생할지 모릅니다.

2020년 7월 현재 전 세계에서 신형 코로나로 60만 명 넘는 사람이 사망했습니다. 거리에 실업자가 넘쳐나고 있는데도 땅값은 오르고 일부 부유층들의 호화생활을 만끽하는 모습이 눈에 거슬립니다.

대기업은 풀린 현금과 정부의 경영지원으로 어떻게든 살아남겠지만, 중소기업이 하나둘 쓰러지면서 연쇄작용으로 대기업의 공급망에도 문제가 생기기 시작하고 있습니다. 벌써 서플라이 체인(supply-chain)이 흔들려 출하가 어려운 기업도 나오고 있구요. 원자재 공급이 원활하지 않다 보니 이제는 이를 필요로 하는 완제품 생산도 멈추고 소비도 멈추게 되겠지요. 이 상태가 몇 년 지속되면 국력은 엄청나게 저하될 것입니다.

서민들은 생활에 여유가 없기 때문에 생필품 이외의 쇼핑을 삼가겠지요. 그러면 재화와 서비스가 팔리지 않게 될 것이고 수익도 줄어들면서 결국 GDP에도 영향을 미쳐 국력이 하락할 겁니다.

승자에게만 손을 드는 돈의 속성

이번 경제위기는 1929년의 경제 대공황에 필적할 만큼 강력할 수 있습니다. 경제 대공황으로 미국에서는 4명 중 1명이 일자리를 잃었습니다. 담보로 잡혔던 토지를 빼앗기고 사무실에서 쫓겨나면서 뉴욕 센트럴 파크에는 텐트가 들어서기 시작했지요. 이때 농가도 땅을 잃었습니다. 담보로 잡힌 농지를 은행이 빼앗아 갔거든요. 농가가 농지를 잃으면 누가 식량을 생산할까요? 식량 부족으로 패닉상황이 더 커진 것입니다.

전 세계적인 규모의 금융위기에 대한 가장 큰 두려움은 이로 인해 경영 인프라가 파괴된다는 점입니다. 제2장에서 언급한 것처럼 항공사 역시 제대로 된 경영이 불가능할 수도 있습니다. 항공사와 철도는 이동이 없으면 경영 자체가 성립되지 않는 비즈니스 모델이잖아요. 달러 박스라고 불리던 하네다-하와이 노선이 텅텅 비는 모습을 누가 예상이나 했겠습니까?

정부의 지원이 없으면 항공사조차 부도 위기에 직면하는 시대가 왔습니다. 코로나 쇼크로 인바운드 소비가 가장 먼저 사라졌기 때문이지요. 게다가 일본 최대의 바캉스 시즌인 골든 위크 기간을 스테이 홈 주간으로 만들면서 귀성도 규제했습니다. 공항과 철도회사는 지금까지 벌어들인 막대한 캐시가 있어 금방 쓰러지지는 않겠지만, 앞으로도 밝은 미래가 보이지 않는 상태에서 공적자금이 투입되지 않을 경우 버틸 수 있는 힘이 점점 빠질 겁니다. 정부의 자산 주입을 시작으로 모든 방법을 동원해 기업을 구제해야 합니다. 교통기관, 가스회사, 전력회사, 택배업 등 생활 인프라를 담당하는 기업들이 망하면 코로나 위기가 종식되더라도 그 지방의 경제는 일어설 수 없습니다. 재화와 사람의 이동이 멈추면 경제도 멈추기 때문입니다.

그런데 이상하게도 전후 최대 국난의 원인이 된 금융업계는 마치 아무 일 없듯이 연명하고 있습니다. 아니, 오히려 금융권에 돈이 돌면서 활성화하고 있어요. 원칙대로라면 도산할 것 같은 지방은행조차도 주가가 회복하고 있습니다. 도태되어야 할 지방은행이 일본 각지에서 수요에 필요한 자금을 공급하고 있습니다.

이유는, 바로 정부가 자금을 뿌릴 때 지방은행을 창구역할로 사용했기 때문입니다. 제로금리정책으로 초주검이 되어 버린 지방은행의 입장에서는 가뭄의 단비일 수밖에 없습니다. 리스크가 없으니 지방은행으로서는 주가도 오르고 아주 감지덕지한 일이지요.

남의 불행이 나의 행복이랄까, 코로나 바이러스 감염 확대가 지방은행에는 가미카제(神風)와 같은 역할을 했다고 봅니다. 하지만 지방은행이 본분을 잊고 도박과 같은 머니게임에 손을 대면서, 실상은 도태돼야 함에도 불구하고 좀

비기업으로 살아남은 게 다행이라고 말 할 수는 없습니다. 그리고 이건 지방은행만의 이야기가 아닙니다. CLO와 같은 고위험 금융상품도 구매할 수 있다고 FRB는 지속적으로 선전하고 있습니다. 그러다 보니 투자은행 입장에서는 바로 지금이 고위험 금융상품을 계속해서 만들어 낼 수 있는 기회라고 생각할 수 있겠지요. 실제로 쇼핑몰의 모기지채가 상품으로 팔리고 있습니다. 코로나 바이러스 감염 확대의 영향으로 해당 쇼핑몰이 문을 닫았음에도 불구하고 말이죠.

이렇듯 지금도 실상을 반영하지 않는 금융상품들이 금융시장을 누비면서 거품을 키우고 있습니다. FRB가 달러를 찍어 내는 동안, 금융기관은 이렇게 실태 없는 채권을 돌리면서 코로나 상황에서도 살아남고 있습니다.

정부는 고용 대책을 위해 재정출동[19]을 반복할 것입니다. 정부가 발행한 국채는 일본은행을 비롯한 금융업계가 매입하기 때문에, 금융기관 안에서만 돈이 돌고 수수료 수입 덕분에 흑자 운영이 가능해 지는 구조이지요.

정부가 재정출동을 하면 고용이 개선될 것이라고 주장하는 이코노미스트도 있지만, 실제로 그럴까요? 적절한 재정출동을 할 경우 일자리가 생기는 건 맞지만, 재정출동 방

19 '재정출동'이란, 경제를 활성화하고 경기를 안정시킬 목적으로 세금이나 국채 등의 자금을 국가가 투자하는 정치적 정책을 말한다. 공적 수요를 늘려 GDP나 고용, 민간소비 등을 증가시키는 방법으로 이용된다.

식이 지금까지와 같은 방식의 공공사업이라면 기득권에 붙어 있는 사람들에게만 돈이 흘러갑니다. 실제로는 불요불급(不要不急)한 공공사업을 남발하고 낙하산 관료나 챙기는 게 우선일 뿐 우리 서민들에게는 그중 일부만이 돌아올 뿐입니다.

전 국민에게 기본소득을 나누어 줄 경우 왜곡은 줄어들고 경제는 활성화될 겁니다. 생활필수품 이외의 소비로도 확대되면서 실수요도 서서히 살아나게 되죠. 실수요가 일정한 곳까지 성장하면 그 다음 재정출동도 줄일 수 있습니다.

재정 지원의 끝이 보이면 따라오는 지옥

FRB가 언제까지나 달러를 찍어낼 수는 없습니다. 머지않아 탄환이 떨어지겠지요. 저는 2023년이 되면 FRB의 양적완화가 한계를 맞을 것으로 보고 있습니다. 이후 진짜 금융위기가 찾아오겠지만, 아마도 그 전에 이상 증세를 깨달을 것입니다.

저는 기본소득을 주장하고 있기 때문에 재정출동에 반대하는 입장은 아니지만, 지금처럼 재정출동과 금융완화를 동시에 실시하는 것은 상당히 위험합니다. 이러한 정책은 마치 풍선에 최대한 공기를 넣어 빵빵하게 부풀린 것과 같거든요. 앞에서도 언급했듯이 거리에는 실업자가 넘쳐나는데 금융권만은 돈을 계속 굴리고 있는 셈이지요. 달러가 너무 많이 풀린 거 아냐?라고 의문이 들 때에는, 마치 이번 신형 코로나 감염 확대를 우리가 멈추게 할 수 없듯이 달러 붕괴가 시작되면 이 역시 우리 힘으로 막을 수 없다는 점을 깨달아야 합니다. 물론 하이퍼인플레이션이라고 해도 짐바브웨 화폐처럼 단기간에 붕괴가 되지는 않겠지만, 아마도 수년에 걸쳐 평온한 듯이 보이면서 사실은 서서히 무너질 겁니다.

기축통화에서 인플레이션이 발생된다는 것은 모든 기준이 어긋나는 것을 의미합니다. 달러가 10%의 인플레이션을 일으키면 알게 모르게 복잡하고 밀접하게 연결된 전 세계 경제의 모든 것이 엉망이 되겠지요. 혹시 달러에서 매년 20% 인플레이션이 발생하면 그것만으로도 패닉 상태가 됩니다.

기축통화가 파탄나면 토지를 포함한 모든 금융자산은 4분의 1로 추락할 겁니다. 그땐 어떤 세상이 될지 상상하기 힘들겠지요. 아마 극심한 혼란이 일어날 수도 있지만, 그 격차는 점점 줄어들 겁니다. 왜냐하면 부자들의 금융자산은 극단적으로 줄어들지만 가난한 사람들은 분모가 작기 때문에 자산가만큼의 충격을 받지는 않거든요.

문제는 금융자산이 급감하면 다른 곳에서도 문제가 발생합니다. 우선은 식량위기가 일어나겠지요. 왜냐하면 금융자산은 극단적으로 줄어드는데 세계 인구는 그대로이니까요. 더구나 금융위기로 사회 기반을 담당하는 인프라가 파괴되면 식료품을 운반할 수도 없습니다. 지금 이 시점에서 전 세계의 아사자는 하루 2만 5천 명이라고 하는데, 금융위기가 닥치면 네 배나 많은 10만여 명 이상이 될 가능성도 있습니다.

이번 코로나 쇼크 때에 베트남이나 캄보디아 등 동남아시아 국가들은 쌀을 출하하고 싶어도 할 수 없었습니다. 가전이나 자동차도 그렇지만 식량 역시 마찬가지로 서플라이 체인이 끊어져 원산국에는 식량이 남아돌고 있는데도 출하가 어려워지면서 식량이 필요한 곳에 보내지 못하는 현상이 발생한 것이죠. 일부 지역에서는 식량이 대량으로 남아도는데, 또 다른 일부 지역은 반대로 식량 부족 사태가 발생한 겁니다.

일본에서도 이런 경험이 있었습니다. 2011년 동일본 대지진 당시 도로가 끊기면서 피해 지역에서는 국지적인 기아가 발생했습니다. 도로가 복구된 후에도 어디에 무엇을 얼마나 보내야 할지, 제대로 된 대응을 하지 못해 지원한 물자가 체류된 채 며칠을 허송세월한 적이 있었지요.

생산도 중요하지만 이를 감당할 물류가 끊기면 그 영향이 큽니다. 코로나 공포로 사회 인프라가 손상을 입게 되면서, 앞으로 홋카이도(北海道)나 도호쿠(東北) 지방에는 식량이 남아돌아도 그것을 도쿄(東京)까지 운반할 수 없게 될지도 모릅니다.

편의점의 경우 평소 재고를 점내에 두지 않기 때문에 재고정리에서는 효율적으로 운용하고 있지만, 문제는 재해 시 선반 위에 있는 식료품이 매진되면 그것으로 끝입니다. 돈이 있어도 식량을 구할 수 없는 사태가 발생하는 이유가 바로 이런 이유 때문입니다.

마오쩌둥의 대약진 정책으로 4천5백만 명이 사망했을 때 그 대부분이 아사자로 밝혀졌습니다. 정치적 혼란이 오면 아사자가 발생하는 것이 이 세상 상례입니다. 일본의 식량자급률은 칼로리 기준으로 37%에 불과합니다. 이제 바텀 라인을 올릴 필요가 있다는 것에 동의하시겠지요?

현대통화이론의 빛과 그림자

최근 세계적으로 붐을 이루고 있는 경제이론이 현대통화이론입니다. 미국에서 역대 최연소 여성 하원의원에 당선된 알렉산드리아 오카시오 코르테스(Alexandria Ocasio-Cortez)가 현대통화이론을 논거로 한 정책을 펴 주목을 받은 적이 있습니다. 당시 뉴욕주에서 20대의 푸에르토리코계 젊은 여성이 10선의 하원의원을 지낸 현직을 꺾은 것이 큰 화제가 되었죠. 그녀가 주장하는 사회주의적 정책들은 예전 같으면 재원적인 뒷받침이 어려운 것이었지만, 현대통화이론을 근거로 “정부는 예산 균형을 목표로 할 필요가 없다"고 하면서 "재원은 충분히 있다"라고 주장한 것입니다. 현대통화이론이란 도대체 어떤 것인지, 일본에 빗대어 간단히 정리해 보도록 하겠습니다.

1) 정부 입장에서는 재정적자가 새 나가더라도 민간에 돈을 풀면 경기는 좋아진다.

2) 엔으로 국채를 발행하는 한 일본국채는 파탄나지 않는다.

3) 국채발행의 한계는 부채 금액이 아니라 인플레율로 정한다.

이 이론에 따르면 디플레이션이 계속되는 일본에서는 상당한 액수의 국채를 신규로 발행하여 재정출동이 가능해집니다. 일본 정부의 빚은 1천조 엔이나 되지만, 현대통화이론파들은 일본이 아직 빚을 져도 괜찮다고 주장합니다. 이에 대해 일본의 재무성은 현대통화이론을 강력하게 비판하고 있습니다. "예산을 줄여 증세를 단행하지 않는 한 이대로는 확실히 재정 파탄한다"라고 하는 것이 재무성의 지론입니다.

저는 이 점에 대해서는 현대통화이론자가 옳다고 생각합니다. 일본이 재정 파탄날 일은 없다고 생각합니다만, 그렇다고 해서 현대통화이론자들이 말하는 것처럼 국채를 맘대로 찍어 내면서까지 재정출동을 하는 것이 일본 경제를 좋게 할 것이라고는 생각하지 않습니다.

2020년 봄, 세계적인 코로나 바이러스의 감염 확대에 따라 미국, 일본, 유럽 각국 등 선진국들은 사실상의 현대통화이론에 힘입어 국채를 대량 발행했습니다. 일본의 국가 예산은 작년까지의 1.6배, 160조 엔에 이르렀습니다. 그래도 아직까지는 국채가격 폭락 조짐이나 엔화 폭락 조짐은 없습니다. 재정출동했던 구미 각국도 일본과 비슷하다는 점에서 현대통화이론은 옳았다고는 할 수 있겠지요.

하지만 앞으로는 어떨까요. 코로나 감염 확대가 경제활력에 미치는 부정적인 영향은 길어질 것입니다. 각 도도부현(都道府県)의 지사나 TV 와이드쇼의 해설자들은 휴업 보상, 소득 보상, 의료기관에 대한 원조 등을 강하게 주장하고 있고, 여론도 그것을 받아들이고 있습니다.

현대통화이론적인 재정 운영은 내년 이후에도 계속 될 가능성이 높습니다. 이 책에서 거듭 말하고 있습니다만, 지금과 같은 금융완화와 현대통화이론적인 재정출동을 조합하는 정책을 지속한다면 하이퍼인플레이션에 대한 염려를 지울 수는 없을 겁니다. 저는 재정출동하는 것 자체는 맞다고 생각하고 있습니다만, 그것이 금융완화와 결합되면 그 다음 순서는 거대한 버블의 생성과 붕괴가 기다리고 있다는 점입니다.

피플 파워로!

이번 코로나 쇼크에서 러시아와 인도는 곡물 수출제한 조치를 취했습니다. 자국민을 우선시해 수출에 제한을 둔 것입니다. 러시아가 곡물을 수출하지 않자 중국은 매우 당황했습니다. 식량 안전 보장 문제에까지는 이르지 않았지만 식량을 많이 보유하는 나라가 다른 나라에 팔지 않을 경우 곡물 쟁탈전이 일어날 가능성이 있습니다. 자국 제일주의는 피해야 합니다. 대공황 이후 자국 우선의 블록 경제가 강해지면서 제2차 세계대전으로 이어진 것을 뒤돌아보면 더욱 그렇습니다.

이제 이러한 끔찍한 사태를 피하기 위해서는 금융구조를 근본적으로 바꾸어야 합니다. 우선 해야 할 일은 중앙은행제도를 개혁하는 일입니다. 지금의 금융 제도의 근본적인 재검토가 필요합니다. FRB나 일본은행이 금융완화를 계속할 것이 아니라, 금융자산 과세 등에서 구조를 바꿀 필요가 있습니다.

런던정경대학(London School of Economics)의 데이비드 그레이버(David Rolfe Graeber, 1961~2020) 교수가 쓴 『Bullshit Jobs: A Theory』라는 책이 화제가 되었습니다. bullshit이란 슬랭은 어떻게 되든 상관없다는 의미로 번역이 됩니다. 즉 금융업이나 컨설턴트업 등은 실체가 없는, 지금 없어져도 큰 상관없는 직업임에도 불구하고 어째서 그렇게 멋져 보일까, 라고 묻고 있습니다. 그레이버 교수는 사모펀드의 CEO, 로비스트, PR리서처, 텔레마케팅 담당자, 기업변호사는 사라져도 별지장없는 직업이고 오히려 그렇게 될 경우 우리 사회는 더 좋아질지도 모른다고 판단하고 있습니다.

한편으로는 버스 운전사나 개호·의료에 종사하는 사람, 보육교사 등 여러분들을 위해 일하고 계시는, 즉 이러한 직업이 없어지면 곤란한 직종의 보수는 상승하는 구조가 아니어서, 사회적으로 불우한 입장에 놓일 가능성이 높다 보니 분노의 배출구가 되어 버릴 가능성이 높다고 지적하고 있습니다.

그레이버 교수는 이 문제의 해결책으로 기본소득을 제창하고 있습니다. 그러니까 임금 구조를 바꾸어야 한다는 거지요. 아베 정권은 수입이 줄어든 가정에 30만 엔을 지급하려고 하다가 전 국민에 10만 엔을 일률적으로 급부하는 것으로 선회하였습니다. 국민들의 분노를 무시할 수 없기 때문입니다.

모두가 같은 마음으로 요구를 하면 정책의 방향성을 바꿀 수 있습니다. 미증유의 일을 변혁의 기회로 만들어야 하지 않을까요? 여러분들이 할 수 있습니다, 피플 파워로!

글을 마치며

다나카 가쿠에이(田中角榮, 1918~1993) 전 총리가 유죄 판결을 받은 '록히드 사건'은 어쩌면 억울한 정치보복이었을지도 모른다는 설을 들은 적이 있습니다. 저는 그럴 가능성이 충분히 있다고 생각합니다. 대미(對美) 자립적인 정치를 추진해 미국을 화나게 한 다나카 전 총리를 미국의 정치세력이 무너뜨렸다고 보는 시각입니다. 그 배경에는 헨리 키신저(Henry Alfred Kissinger, 1923~) 당시 국무 장관의 존재가 그 배경에 있었다고도 하지요. 키신저는 2021년 현재 98세의 고령이지만, 트럼프 전 대통령의 최고 정책 고문을 맡았었고, 오바마 전 대통령의 고문도 맡은 경험이 있는 인물이지요. 미국의 민주, 공화 양당에 아직도 엄청난 영향력을 행사하고 있다고도 할 수 있습니다. 록펠러가와의 친밀한 관계도 알려져 있어 국제정치의 핵심 인물이기도 하구요. 또 한편으로는 친중파로도 알려져 있습니다. 키신저 전 국무장관이 제창했던 G2 구상이라는 것이 있습니다. 이는 구소련 세력을 후퇴시키고 미국과 중국이 양대 축으로 세계를 이끌어가는 것을 말합니다.

미중 신냉전으로까지 불리는 지금은 이해하기 어려운 발상입니다만, 2000년경까지는 이 G2 구상이 살아 있었지요. 2000년 전후 미국 월가 관계자들이 중국을 방문해 막대한 양의 달러를 중국에 투자했습니다. 미국이 자금을 공급하고 중국이 생산을 담당하면서 미국 금융자본은 많은 이익을 얻었고, 반면 중국은 경제발전을 이루는 구조로 전 세계 경제를 견인해 왔습니다. 그러나 어느 시대에나 고도 경제성장은 버블을 낳고 거품은 반드시 붕괴했습니다. 저는 중국의 경제 버블은 실질적으로는 이미 붕괴되어 있다고 봅니다만, 중국의 버블붕괴가 밝혀짐에 따라 미국은 중국을 떠나는 방향으로 키를 틀었습니다. 이것이 지금의 미중 신냉전으로 이어집니다.

총리 취임 직후 중국과의 국교정상화를 달성했던 과거 다나카 가쿠에이 전 총리는 미국에 앞서 중국과의 경제연대를 추진하려 했습니다. 이것이 미국의 역린을 건드린 것으로 보입니다. 실제로 키신저는 당시 '일본놈들은 배신자들이야'라며 다나카 내각을 비판했던 것으로 미 공문서를 통해 알려졌습니다. 다나카 가쿠에이 전 총리의 유죄를 결정한 록히드사 코찬(Kocan) 전 부회장의 촉탁신문 조서는 미국이 꾸민 것이었습니다. 일본 사법부는 그 증거능력을 인정하고(1심, 2심), 전 총리를 유죄로 인정했습니다. 사법계에서는 지금도 이 판시(判示)에 이론을 제기하고 있습니다.

국제정치를 다루는 세계에서 권익을 획득하기 위한 전투는 하나하나의 안건이 수십조 엔 규모입니다. 이 정도의 금액이면 극단적인 경우 전쟁으로까지 확대될 수 있지요. 수만 명이나 되는 인명이 희생될 수도 있는 전쟁으로 말입니다.

1960~80년대 미국은 비밀리에 다른 나라의 정치에 개입해 미국의 이익에 상반되는 정권을 전복시키는 모략을 반복했습니다. 이후 일본에서는 대미 자립적인 정책을 실행하고자 한 총리대신은 한 명도 없습니다. 미국의 기득권 권익을 건드리면 정치생명이 끝난다는 점을 다들 알고 있기 때문입니다. 그 결과 일본 국민의 실질소득이 점점 낮아지고 있습니다. 특히 젊은층의 빈곤이 숫자로 분명히 나타나고 있고, 지금의 20대 중 1인 세대의 45%는 저축이 제로입니다. 일본 지도자가 자국민 보호를 포기하고 국제금융자본에 영합해 버렸으니 당연한 결과이지요.

중국에 뒤처졌다고는 하지만 일본은 아직도 GDP 세계 3위의 경제대국입니다. 그런 부유한 나라에서 젊은이들이 빈곤 때문에 자신의 꿈을 펼치지도 못하고 있고, 또 고령자들 중 생활고로 자살하는 분이 계시다는 건 아무리 생각해도 정상은 아닙니다. 제 유튜브 채널 '올리브나무'는 대미 자립을 활동 이념의 핵심으로 내걸어 왔습니다. 대미 자립은 반미가 아닙니다. 말 그대로 자립하겠다는 것입니다. 국제정치경제에 있어서 모두 필사적으로 경쟁하고 있습니다. 잘못된 것은 잘못되었다고, 또 일본이 이것만은 양보할 수 없다라는 것들에 대해서는 확실히 주장해 나가야 합니다. 그게 안 된다면 이 나라는 정말 희망이 없는 나라가 되겠지요.

해결해야 할 과제는 산적해 있습니다만 이 나라를 지키고 싶다고 생각하는 사람들 역시 많습니다. 그런 사람들과 함께 이 나라를 바꾸기 위해 다 같이 힘을 합쳐 열심히 해 나간다면 못할 것도 없겠지요.

마지막으로, 본서의 출판에 협력해 주신 여러분, 그리고 날마다 올리브나무의 활동을 지지해 주고 계신 여러분들께 진심으로 감사드립니다.

2020년 7월

구로카와 아쓰히코

소프트뱅크 거액적자의 결말과 메가뱅크 위기

초판 1쇄 발행일 2021년 5월 28일

지은이 구로카와 아쓰히코
옮긴이 강철구
펴낸이 박영희
편집 박은지
디자인 최소영
마케팅 김유미
인쇄·제본 AP프린팅
펴낸곳 도서출판 어문학사
서울특별시 도봉구 해등로 357 나너울카운티 1층
대표전화: 02-998-0094/편집부1: 02-998-2267, 편집부2: 02-998-2269
홈페이지: www.amhbook.com
트위터: @with_amhbook
페이스북: www.facebook.com/amhbook
블로그: 네이버 http://blog.naver.com/amhbook
다음 http://blog.daum.net/amhbook
e-mail: am@amhbook.com
등록: 2004년 7월 26일 제2009-2호

ISBN 978-89-6184-998-2 (03320)
정가 16,000원

※잘못 만들어진 책은 교환해 드립니다.

이 저서는 2021학년도 배재대학교 교내학술연구비 지원에 의하여 수행된 것입니다.